T0128350

essentials

essentials liefern aktuelles Wissen in konzentrierter Form. Die Essenz dessen, worauf es als „State-of-the-Art" in der gegenwärtigen Fachdiskussion oder in der Praxis ankommt.

essentials informieren schnell, unkompliziert und verständlich

- als Einführung in ein aktuelles Thema aus Ihrem Fachgebiet
- als Einstieg in ein für Sie noch unbekanntes Themenfeld
- als Einblick, um zum Thema mitreden zu können

Die Bücher in elektronischer und gedruckter Form bringen das Expertenwissen von Springer-Fachautoren kompakt zur Darstellung. Sie sind besonders für die Nutzung als eBook auf Tablet-PCs, eBook-Readern und Smartphones geeignet. *essentials:* Wissensbausteine aus den Wirtschafts, Sozial- und Geisteswissenschaften, aus Technik und Naturwissenschaften sowie aus Medizin, Psychologie und Gesundheitsberufen. Von renommierten Autoren aller Springer-Verlagsmarken.

Weitere Bände in der Reihe http://www.springer.com/series/13088

Sabine Wegner-Kirchhoff · Judith Kellner

Mediation mit Erben

Lösungsorientiertes Arbeiten mit
Familien und kleinen Unternehmen

Sabine Wegner-Kirchhoff
Baden-Baden, Deutschland

Judith Kellner
Mannheim, Deutschland

ISSN 2197-6708   ISSN 2197-6716   (electronic)
essentials
ISBN 978-3-658-24766-9   ISBN 978-3-658-24767-6   (eBook)
https://doi.org/10.1007/978-3-658-24767-6

Die Deutsche Nationalbibliothek verzeichnet diese Publikation in der Deutschen Nationalbibliografie; detaillierte bibliografische Daten sind im Internet über http://dnb.d-nb.de abrufbar.

Springer ist ein Imprint der eingetragenen Gesellschaft Springer Fachmedien Wiesbaden GmbH und ist ein Teil von Springer Nature
Die Anschrift der Gesellschaft ist: Abraham-Lincoln-Str. 46, 65189 Wiesbaden, Germany

Was Sie in diesem *essential* finden können

- Konkrete Beispiele für Erbauseinandersetzungen zwischen Geschwistern aus Unternehmerfamilien
- Anschauliche Darstellung des Mediationsprozesses vom ersten Kontakt über die Homepage bis zur gemeinsamen Vereinbarung
- Reflexion der Interaktion und Rollenaufteilung der Mediatoren und der Interventionen, die für die Lösungsfindung förderlich waren
- Konkrete Rückmeldungen von Medianten direkt nach der Erbmediation
- Fallstricke und Stolpersteine im Prozess der Mediation mit erbberechtigten Familienmitgliedern

Vorwort

Erben ist nicht nur eine Bereicherung, sondern kann eine Bürde sein, da aus den Familienkonstellationen und dem Nachlass, den es zu verteilen gilt, eine Menge an Konfliktpotenzial erwächst.

Mit vorliegendem *essential* möchten wir einen Einblick in unsere Arbeit und Erfahrungen als Mediatorinnen geben, Beteiligte in Konflikten zu begleiten und ihnen zu helfen, für alle zufriedenstellende Lösungen zu finden.

Wir würden uns freuen, wenn dieses Buch Anregungen gibt für Familien als potenzielle Medianten und für alle Berufsgruppen, die in diesem, unserem Bereich interdisziplinär tätig sind.

In komplexen Mediationen begleiten wir den Prozess der Konfliktlösung zusammen mit unserer Kollegin, Dipl. Ing. Edith Wellmann-Hufnagel, zertifizierte Mediatorin (BM/BAFM), was wir stets als Bereicherung erleben.

Baden-Baden   Dr. Sabine Wegner-Kirchhoff
Mannheim   Judith Kellner

Inhaltsverzeichnis

Die Erbschaftsfeuer

„Komisch", sagte sie,
„Wer erbt schon richtig, was er wollte?!"
und kassierte jeden Schein.

„Komisch", sagte er zum Spie-
gelbild, „Dass ich das erben sollte!"
und war bereits beim dritten Wein.

PS für Zeitgenossen:
Eins ist heute klar,
ein Streit ist ausgeschlossen,
denn sie und er sind austauschbar –
*

    Olivier Theobald

Einleitung

Erben ruft – noch weit mehr als familienrechtliche Probleme – emotionale Reaktionen hervor (Beisel 2009, S. 496), die selbst für die betroffenen Personen nicht selten als überraschend heftig empfunden werden. Konflikte, die jahrelang unter der Oberfläche brodelten, können durch den Tod eines Familienmitglieds zum Ausbruch kommen und alte Wunden aufreißen. Die betroffenen Erben fühlen und handeln „rückwärtsbezogen" (Beisel 2009, S. 497), während die Mediatoren die Aufgabe haben, mit den Konfliktbeteiligten eine gemeinsame Basis und Lösung für die Zukunft zu erarbeiten. Dieses Spannungsfeld stellt eine besondere Herausforderung für die Mediatoren dar. Da Erbschaftsprozesse in der Regel sehr langwierig und mit hohen Kosten verbunden sind, möchten wir die Vorteile einer Mediation bei Erbstreitigkeiten in den Fokus nehmen und herausarbeiten, welche Erfolgsfaktoren dieser anspruchsvollen Mediationsarbeit zugrunde liegen.

Begriffsbestimmung Mediation

2

Mediation heißt konstruktive lösungsorientierte Konfliktbewältigung Ein Mediator besitzt eine interdisziplinäre Ausbildung und ist deshalb in der Lage, die Kommunikation zwischen den Konfliktparteien zu fördern und das Verfahren zu moderieren. Seine innere Haltung ist geprägt von Empathie, Aufmerksamkeit für die Anliegen jedes Beteiligten und Respekt vor dem jeweils individuellen „Gewordensein". Damit wird es den Parteien möglich, selbst eine einvernehmliche Lösung zu finden. Bei einer solchen Lösung sollen beide Parteien gewinnen – keine der Parteien soll als Verlierer aus der Mediation hervorgehen. Diese „Win-win-Situation" stellt den Hauptunterschied zu einem Gerichtsverfahren dar (www.mediation-rhein-neckar.de).

Die Chance einer nachhaltigen Zufriedenheit beider Parteien mit der gefundenen Lösung ist erheblich höher als bei einer gerichtlichen Auseinandersetzung, denn die Parteien haben ja die Lösung selbst entwickelt und vereinbart und sie wurde keinem der Partner gerichtlich „aufgezwungen".

Eine Mediation folgt klaren Prinzipien und einer Methodik, die wissenschaftlich durch die Kommunikations- und Konfliktforschung entwickelt wurde und sich mittlerweile in ihren Hauptmerkmalen durchgesetzt hat (s. Abb. 2.1). Diese sind:

- Festgelegte Verfahrensschritte (Phasen)
- Festgelegte Verfahrensinhalte in den Phasen
- Festgelegte Ergebnisse in den Phasen

Phase Auftragsklärung Die Phase der Auftragsklärung dient der Schaffung der formalen Voraussetzungen, um das Verfahren durchführen zu können. Dazu müssen den Parteien die Rolle, die Aufgaben und auch die Grenzen der Aufgaben des Mediators erläutert werden. Danach werden die Verfahrensdetails vereinbart und die Vereinbarungen werden fixiert.

© Springer Fachmedien Wiesbaden GmbH, ein Teil von Springer Nature 2019
S. Wegner-Kirchhoff und J. Kellner, *Mediation mit Erben*, essentials,
https://doi.org/10.1007/978-3-658-24767-6_2

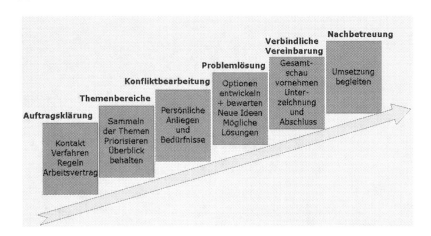

Abb. 2.1 Struktur und Arbeitsphasen der Mediation. (© Mediation Rhein-Neckar – Konflikte Konstruktiv Lösen)

Phase: Themensammlung Die Phase der Themensammlung dient dazu, ein umfassendes Bild des Konfliktes zu erhalten und alle Details offenzulegen, die zu seinem Verständnis erforderlich sind. Jeder Beteiligte nennt die Themen, deren Bearbeitung ihm wichtig ist. Alle Konfliktfelder werden strukturiert.

Phase: Positionen und Interessen/Sichtweisen- und Hintergrunderkundung In der dritten Phase wird zunächst priorisiert, also festgelegt, in welcher Reihenfolge die Konfliktfelder bearbeitet werden sollen. Zu jedem Konfliktfeld wird die jeweilige subjektive Wahrnehmung der Parteien ergründet. Zielsetzung ist die Ermittlung der Bedürfnisse, der tiefer liegenden Anliegen und Interessenslagen der Beteiligten. Neben den Parteiinteressen wird auch versucht, die gemeinsamen Interessen der Parteien offen zu legen. In dieser Phase werden bereits die ersten gemeinsamen Ergebnisse erarbeitet: Die Parteien vereinbaren Kriterien für die Beurteilung, ob eine Lösung als gerecht und fair empfunden wird.

Phase: Sammeln und Bewerten von Lösungsoptionen Diese Phase dient der kreativen Sammlung potenzieller Lösungsoptionen, die, meist mit Methoden der Kreativtechnik wie z. B. Brainstorming, zunächst bewertungsfrei gesammelt werden, um danach zwischen den Parteien bewertet und auch verhandelt zu werden.

Phase: Abschlussvereinbarung Die in der Vorphase getroffenen Vereinbarungen werden schriftlich fixiert. Dabei werden alle Details vereinbart, die für eine praktische Umsetzung erforderlich sind, wie z. B. Termine und Fristen. Für den Fall von Unstimmigkeiten in der Zukunft, die aus der Vereinbarung herrühren, werden Verfahrensschritte definiert, um diese zukünftigen Unstimmigkeiten wiederum einvernehmlich lösen zu können.

Dabei wird die nächste Phase erst begonnen, wenn die definierten Ergebnisse der vorangegangenen Phase erreicht wurden.

Grundprinzipien der Mediation

- Die Parteien bestimmen selbst über die Mediation: Ob sie sie wollen, wann sie beginnt und ob und wann sie beendet wird.
- Die Parteien sprechen direkt miteinander und sind selbst verantwortlich für die gefundene Lösung.
- Die Mediation findet in vertraulicher Weise statt, die Öffentlichkeit bleibt in jedem Fall ausgeschlossen.
- Die Verhandlungen werden geführt, ohne dass im Vorfeld schon ein bestimmtes Ergebnis vorbestimmt ist. Damit stehen sie im Gegensatz zu der gerichtlichen "Durchsetzung" eines bestimmten Anspruches.
- Der Mediator ist unparteilich und unabhängig. Er hat im Gegensatz zu einem Richter keine Möglichkeit, Entscheidungen über den Streitgegenstand zu treffen.
- Die gefundene Lösung soll die Interessen beider Parteien berücksichtigen und zukunftsgerichtet sein.

Unser Verständnis von Mediation im Familienkontext

Großes Vertrauen in die Fähigkeiten, die Zuverlässigkeit und Diskretion des Mediators ist unumgängliche Voraussetzung für eine konstruktive Zusammenarbeit. Diese gründet sich auf folgende drei Säulen:

A. Die mediatorische Haltung Die mediatorische Haltung ist geprägt von Empathie, Aufmerksamkeit und Respekt. Es geht darum, die tieferen Anliegen der Beteiligten zu erforschen und sie zu befähigen, einander zu verstehen und aufeinander zuzugehen. Dabei wird berücksichtigt, dass es keinen direkten Weg vom Konflikt zum Konsens gibt: Zuerst gilt es, eine gemeinsame Verständnisbasis der „Koexistenz" (Ripke 2011, S. 18), sozusagen als „Zwischenschritt" gemeinsam mit den Konfliktparteien zu erarbeiten. Im Sinne von „Empowerment" (Kessen und Troja 2009, S. 303; Holler 2010, S. 136), bei dem es um die Stärkung der eigenen Person geht: „Ich werde mir meiner – manchmal starren – eigenen Position bewusst" und „Recognition" (S. 303), d. h. Anerkennung der Position des Konfliktpartners: „Ich schaue mir an, was dem anderen wirklich wichtig ist", werden alle am Konflikt Beteiligten darin unterstützt, ihren Interessen und Bedürfnissen Ausdruck zu verleihen (s. Abb. 3.1).

B. Die Philosophie des Action Learning Action Learning verbindet nach Hauser „Problemlösung mit Lernen, um Veränderungen bei Individuen, Teams, Organisationen und Systemen zu bewirken" (2012, S. 22).

In unseren zunehmend beschleunigten und unsicheren Umwelten gibt es keine eindeutigen Lösungen für komplexe oder „boshafte" (Hauser 2012, S. 26) Probleme und Konflikte, sondern alle Familienmitglieder sind gefordert, miteinander – im Sinne von geteilter Verantwortung – kritische Reflexion und nachhaltiges Handeln zu verbinden. Das stellt für die Konfliktparteien eine große Herausforderung dar, da es

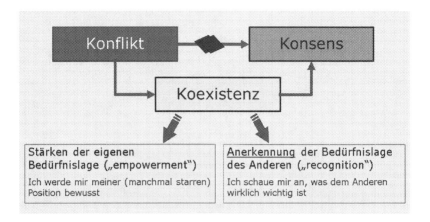

Abb. 3.1 Wege zum Konsens. (© Mediation Rhein-Neckar – Konflikte Konstruktiv Lösen)

darum geht, sich selbst und sein eigenes Konfliktverhalten – sozusagen aus der Vogel-perspektive – zu betrachten und im Prozess laufend zu hinterfragen. Dies beginnt schon am Anfang einer Mediation mit der Frage, wer überhaupt an dem Geschehen beteiligt ist und in die Bearbeitung einbezogen werden sollte. Ganz besonders bedeut-sam erscheint mir folgende Überzeugung: „Wer Verantwortung übernimmt, hat die Chance, durch sein Handeln etwas zu bewirken" (Hauser 2012, S. 24). Als Konse-quenz bedeutet dies, dass ich mich in einer festgefahrenen Situation von meiner Blockadehaltung löse und bereit bin, zu erforschen und zu verstehen, was der anderen Seite wichtig ist.

C. Die systemische Perspektive Das Verhalten der am Konfliktgeschehen Beteiligten wird eher zirkulär als linear betrachtet. Das bedeutet, dass Ursache und Wirkung ineinandergreifen und sich sogenannte „Regelkreise" (Weiss 1988, S. 35) entwickeln. Ein „komplementär destruktiver" (Duss-von Werdt 2009, S. 245) – sogar Teufelskreis – kann entstehen, wenn ein Familienmitglied wäh-rend einer Mediation oder schon im Vorgespräch zielführende Ideen entwickelt, die aber von der anderen Seite sofort entwertet werden: „Das hat hier noch nie funktioniert!". Der Mediator benennt oder visualisiert diese Verhaltensmuster und erklärt, wie die Aussage des einen mit der Reaktion des anderen zusammenhängt. Dieses Verständnis von „Intersubjektivität" (Müller und Hoffman 2002, S. 53) bildet die Basis, um eine „konsensuelle Wirklichkeit" (Duss-von-Werdt 2009, S. 248) herstellen zu können. Der Mediator unterstützt diesen Prozess in der

Rolle des Vermittlers, in dem er mit den Beteiligten einen gemeinsamen Raum schafft, in dem sie offen und transparent miteinander kommunizieren. Ausgehend von dem „sowohl als auch" der unterschiedlichen Wirklichkeiten können so neue Perspektiven und Möglichkeiten des Umgangs miteinander erarbeitet werden.

Besonderheiten der Mediation im Erbrecht

Mit dem Tod einer Person (Erbfall) geht deren Vermögen (Erbschaft) als Ganzes auf eine oder mehrere andere Personen (Erben) über. Erbfolge ist die Rechtsnachfolge der Erben in das gesamte Vermögen des Erblassers samt den Verbindlichkeiten (Erwerb von Todes wegen), gleichgültig ob die Schulden, die ebenfalls zum Nachlass gehören überwiegen (Palandt/Weidlich § 1922 Rdnr.1.).

Erbangelegenheiten stellen ein großes potenzielles Betätigungsfeld für Mediation dar, da erbrechtliche Regelungen und Auseinandersetzungen in besonderem Maße und schon von Gesetzes wegen, kooperatives Vorgehen, trotz divergierender Interessenlage, erfordern.

Hinterlässt der Erblasser mehrere Erben, so wird der Nachlass gemeinschaftliches Vermögen der Erben und es bildet sich eine Erbengemeinschaft (Palandt/Weidlich § 2032 Rdnr.1.).

Aus dem Gesetz ergibt sich, dass die Verwaltung des Nachlasses den Erben gemeinschaftlich zusteht. Jeder Miterbe ist den anderen gegenüber verpflichtet, an Maßregeln mitzuwirken, die zur ordnungsgemäßen Verwaltung erforderlich sind; die zur Erhaltung notwendigen Maßregeln kann jeder Miterbe ohne Mitwirkung der anderen treffen.(Palandt/Weidlich § 2038 I1 BGB).

Diese Erbgemeinschaft bildet sich nicht als freiwilliger Entschluss der betroffenen Erben, sondern ergibt sich kraft Gesetzes.

Erst durch die im Gesetz geregelte Erbauseinandersetzung werden das gemeinschaftliche Eigentum am Nachlass des Erblassers und die ausschließlich gemeinsam bestehende Verfügungsbefugnis gelöst und die einzelnen Erben erhalten ihren Erbteil zur freien Verfügung.

Vor dieser vollständigen Auseinandersetzung des Nachlasses treffen die Erben in ihrer Gemeinschaft auf eine Vielzahl von gemeinsamen Pflichten und Rechten, was eine enge Kooperation fordert, die sich als sehr schwierig, teilweise unmöglich darstellt.

© Springer Fachmedien Wiesbaden GmbH, ein Teil von Springer Nature 2019
S. Wegner-Kirchhoff und J. Kellner, *Mediation mit Erben*, essentials,
https://doi.org/10.1007/978-3-658-24767-6_4

Von daher sind Erbangelegenheiten in hohem Maße konfliktträchtig.

Neben der ohnehin schon konfliktträchtigen normativen Ausgangssituation können auch psychologische Besonderheiten eine Rolle spielen, die maßgeblich auf familiäre Spannungen in früherer Vergangenheit zwischen den Beteiligten, teilweise auf Kindertage zurückzuführen sein können.

Dieser Vergangenheitsbezug gewinnt dadurch, dass an den zugrunde liegenden persönlichen Problemen Beteiligte häufig bereits verstorben sind und daher nicht mehr in die konstruktive Lösung einbezogen werden können, an besonderer Präsenz in der praktischen Bearbeitung.

Auch die nicht untypischen hohen Vermögenswerte und komplexe Vermögensstrukturen, etwa bei beteiligten Familienunternehmen, stellen erhebliche Herausforderungen an Beteiligte und Mediatoren.

Unzufriedenheit und Gefühle der ungerechten Verteilung, wie auch Streit über voraus Empfangenes einzelner Erben begünstigen extreme Konflikte.

Dementsprechend sind gerichtliche Auseinandersetzungen vorprogrammiert, deren Ergebnisse für die Beteiligten jedoch seltenst zufriedenstellend sind, da sie sich mit vom Gericht getroffenen Entscheidungen konfrontiert sehen oder Vergleiche geschlossen haben, die häufig auf Vorschlägen des Gerichtes beruhen und nicht dem wirklichen Interesse des Einzelnen entsprechen.

Eine erbrechtliche Mediation ist eine Möglichkeit, derartige gerichtliche Auseinandersetzungen zu vermeiden und mithilfe eines oder mehrerer Mediatoren gemeinsam sachangemessene und zufriedenstellende Konfliktlösungen zu erarbeiten.

Derartige Konfliktlösungen im Wege einer Mediation erweisen sich als nachhaltig, können eine zufriedenstellende Auseinandersetzung des Nachlasses ermöglichen und darüber hinaus zur Harmonisierung familiärer Konflikte zwischen den Beteiligten beitragen.

Vor diesem Hintergrund muss erstaunen, dass gleichwohl nur ein äußerst geringer Anteil der streitigen Erbauseinandersetzungen mediativ gelöst wird (Beisel 2009, S. 513).

Eine Besonderheit der Mediation stellt auch die Nachfolgeregelung als präventive Maßnahme vor dem Eintritt des Erbfalles dar.

Hier ist insbesondere die Nachfolge in Familienunternehmen zu nennen.

Als Familienunternehmen wird ein Unternehmen bezeichnet, dass durch Personen beherrscht wird, die durch familiäre Bande verbunden sind (Siegle in Festschrift Rowedder 1994, S. 459 (450)).

Ist beabsichtigt, ein solches Unternehmen der nächsten Generation zu übergeben, ist adäquate Beratung und Unterstützung angezeigt.

Neben umfangreichen Steuer-, Rechts- und wirtschaftlichem Regelungsbedürfnis, spielen Emotionen auf allen Seiten eine Rolle.

Um Konflikte im Vorfeld zu vermeiden oder bestehende Konflikte rechtzeitig zu lösen, bietet sich auch hier die Mediation an.

In diesen Fällen der Übergabe eines Familienunternehmens liegt der Schlüssel zum Erfolg der Mediation i. d. R. in der Herstellung einer Beziehungsverbindung zwischen den beteiligten Familienmitgliedern.

Die Familienmitglieder, die oft seit Jahren keinen oder wenig Kontakt miteinander hatten und sich sehr kritisch gegenüberstehen, erfahren in dem Verfahren der Mediation Gemeinsamkeiten und Gefühle, die sie wieder zu verloren gegangenen Bindungen finden lassen.

Diese Familiennachfolge ist aufgrund ihrer emotionalen Komponente in aller Regel die schwierigste Form der Nachfolge überhaupt und damit auch eine besondere Herausforderung für eine im Vorfeld des Erbfalles stattfindende Mediation (Unternehmensnachfolge 2017, S. 43).

Wie kommt es zum Auftrag?

Ein Erbfall ist eingetreten, Kenntnis über das Erbe wurde erlangt durch Testamentseröffnung oder Nachricht vom Nachlassgericht über gesetzliche Erbfolge.

Erste Gespräche der Beteiligten oder eines Teils von ihnen (Erben, Pflichtteilsberechtigte, Vermächtnisnehmer) haben stattgefunden, es zeichnen sich Unstimmigkeiten ab.

Diese Situation legt nahe, professionelle Unterstützung, zumindest in Form einer Beratung, zu suchen.

Beistand wird in Erbangelegenheiten i. d. R. zunächst bei Rechtsanwälten gesucht. Besonders geeignet sind hier Rechtsanwälte, die eine umfangreiche und vollständige Ausbildung als Mediator vorweisen können. Nach meiner Erfahrung steht häufig bei der ersten Anfrage an einen Rechtsanwalt, der eine Mediationsausbildung hat, noch nicht fest, welches Berufsbild zur Unterstützung im Erbkonflikt ausgewählt werden soll.

Andere Berufe, wie Psychologen, Steuerberater, ggf. Wirtschaftsprüfer sind je nach Konfliktbereich mit entsprechender Mediationsausbildung geeignet für eine Mediation, was gerade in Erbangelegenheiten häufig dazu führt, dass eine Mediation in Co-Mediation, d. h. mit Fachleuten aus mehreren Professionen durchgeführt wird, um Konflikte, sowohl im familiären, wie auch im wirtschaftlichen oder auch in anderen Bereichen bearbeiten und einer Lösung zuführen zu können.

Diese Interdisziplinarität in der Mediation ist für deren Erfolg ausgesprochen zielführend (Beisel 2002, S. 948).

Der Erstkontakt entsteht i. d. R. telefonisch oder auch per Email. Letzteres in Form einer Anfrage unter Darlegung des *Status quo* und i. d. R. der an der Erbangelegenheit Beteiligten.

© Springer Fachmedien Wiesbaden GmbH, ein Teil von Springer Nature 2019
S. Wegner-Kirchhoff und J. Kellner, *Mediation mit Erben*, essentials,
https://doi.org/10.1007/978-3-658-24767-6_5

In der telefonischen bzw. der Anfrage per Email wird zunächst um Information über Möglichkeiten der Hilfe, so auch der Mediation gebeten, insbesondere im Hinblick auf die Eignung in dem Konflikt des Ratsuchenden.

Es steht immer im Raum, die gesamte Angelegenheit vor Gericht auszutragen, was man zu vermeiden hofft, da einvernehmliche Lösungen gewünscht werden.

Dieser Wunsch kommt insbesondere dann zum Tragen, wenn die bisher guten Beziehungen von weiteren Verwandten, die nicht direkt von den Erbstreitigkeiten betroffen sind (z. B. Kinder der Geschwister, die Erben sind) durch die Erbauseinandersetzungen gefährdet werden.

Nach dem Austausch am Telefon oder per Email von gegenseitigen Informationen mit den Ratsuchenden, wird ein Erstgespräch vereinbart mit allen Beteiligten oder zunächst mit den Beteiligten, die Unterstützung suchen.

In dem dann folgenden ersten Gespräch werden Darlegung der genauen Situation, die Chancen und Risiken sowohl eines rechtlichen, wie auch eines Mediationsverfahrens besprochen. Die potenziellen Medianten werden ausgestattet mit Mediationsstrukturen, haben alle Informationen über rechtliche, wie auch mediative Vorgehensweise erhalten.

Die an dem Erstgespräch Beteiligten führen i. d. R. selbst Gespräche mit den Konfliktbeteiligten, deren Teilnahme an der Mediation notwendig ist, um zu klären, ob sie bereit sind, an dem Verfahren freiwillig und ergebnisoffen teilzunehmen.

Von den Mediatoren wird angeboten, schriftlich Kontakt mit den nicht am Erstgespräch Beteiligten aufzunehmen oder Telefongespräche mit ihnen zu führen.

Erklären sich alle bereit, den Weg der Mediation zu gehen, wird das erste Setting in einem gemeinsamen Termin festgesetzt, in welchem nach Erarbeitung einer Eingangsvereinbarung und Abschluss des Vertrages das Verfahren der Mediation beginnen kann.

Falldarstellungen

6

6.1 Mediation zwischen vier Geschwistern und einem Elternteil

6.1.1 Kontaktaufnahme und Vorbereitung

Die Kontaktaufnahme mit den Mediatoren erfolgte über das Internet, d. h. die betroffenen Erben suchten gezielt nach der kombinierten Qualifikation „Anwalt und Spezialisierung im Erbrecht" und „Mediator". Zudem wurden Anbieter mit regionaler Nähe zur Mehrheit der Parteien bevorzugt. Insbesondere für den Vater war es ausschlaggebend, in der Nähe des eigenen Wohnortes an der Mediation teilnehmen zu können. Co-Mediation wurde ausdrücklich begrüßt und die unterschiedlichen Herkunftsberufe der Mediatoren (Anwältin und Diplom-Psychologin) gab allen Beteiligten ein Gefühl der Sicherheit, fachlich in guten Händen zu sein.

In der Vorbereitungsphase der Mediation erwiesen sich folgende Bedingungen als hilfreich:

- Eine der vier Konfliktparteien hatte uns ausführlich die aktuelle Konfliktsituation der Familie geschildert („Versuch einer wertneutralen Darstellung der Situation"), und die Problemfelder, wie die „Zukunft von Immobilien" oder „Mietreduzierung und Ausgleichszahlungen" aus ihrer Sicht dargestellt. In dem Bewusstsein, dass es sich hier um die „konstruierte Wirklichkeit" einer der fünf Konfliktparteien (Vater und vier Kinder) handelt, erleichterte uns diese Darstellung einen Überblick über die komplexe Gemengelage zu bekommen.

© Springer Fachmedien Wiesbaden GmbH, ein Teil von Springer Nature 2019
S. Wegner-Kirchhoff und J. Kellner, *Mediation mit Erben*, essentials,
https://doi.org/10.1007/978-3-658-24767-6_6

- Alle fünf Medianten füllten sorgfältig den Anmeldebogen aus und lieferten uns Informationen zu ihrer Motivation, subjektiv erlebten Belastung und den präferierten Themen. In der Gesamtsicht stellten wir fest, dass die Themen der fünf unterschiedlichen Persönlichkeiten sehr ähnlich und teilweise schon als „Lösungen" (zum Beispiel „Auflösung der Erbengemeinschaft", „Bestandsverkleinerung der Erbmasse") formuliert waren. Aber auch Bedürfnisse wie „privates besseres Verstehen" wurden genannt. Dies zeigte uns, wie wichtig es sein würde, für jeden einzelnen Teilnehmer, die persönlichen Interessen und Bedürfnisse herauszuarbeiten.

6.1.2 Beteiligte Familienmitglieder

Beteiligte Personen an diesem Fall waren ein Elternteil (Vater) (zwischen 75 und 80 Jahre alt) und vier Kinder (zwischen 45 und 54 Jahre alt). Nur ein Kind wohnte in der Nähe des Vaters, die anderen drei in verschiedenen Regionen Deutschlands. Die Mutter war zwei Jahre vor der Mediation gestorben und hatte in Deutschland mehrere Immobilien ohne Testament hinterlassen. Alle vier Kinder waren verheiratet und hatten selbst Kinder. Der älteste Nachkömmling (Kind 1) übernahm die Rolle der „internen Koordination" und hatte die Mediation zusammen mit dem Vater initiiert.

Als „Belastung" gaben alle fünf Parteien im Anmeldebogen an, dass sie unter dem „Unfrieden" und der einseitigen, sehr emotional aufgeladenen Kommunikation zum Thema „Erbe" leiden. Das älteste Kind, das als erstes den Schritt in Richtung Mediation gewagt hatte, erwähnte die „Uneinsichtigkeit des Vaters" als belastenden Faktor. Eine Partei reiste mehrere hundert Kilometer an und arbeitete freiberuflich in eigener Praxis.

Aus den Informationen, die uns im Vorfeld zugänglich waren, entwickelten wir das Bild eines „hypothetischen Beziehungsgefüges". Zwei Kinder bildeten eine enge Koalition und unterstützten sich gegenseitig. Ein Geschwister (an dritter Stelle in der Geschwisterfolge) ist dem Vater räumlich und emotional am nächsten. Das jüngste Kind hatte dem Vater auch einen Mediator aus seinem Netzwerk empfohlen. Wir gewinnen den Eindruck, dass die Motivation für eine Mediation bei allen Beteiligten sehr hoch ausgeprägt ist. Auf die Frage im Anmeldebogen „Für wie wahrscheinlich halten Sie es, dass in Zukunft ein besseres Verhältnis zu den anderen Konfliktbeteiligten entsteht?" wird auf einer fünfstufigen Skala (von „ganz unwahrscheinlich" bis „sehr wahrscheinlich") eher im Mittelfeld geantwortet. Das könnte bedeuten, dass die Familienmitglieder ihre

Beziehungen untereinander als belastet erlebten. Ein Kind schrieb: „...sofern es gelingt, die Kommunikationsstörung zu überwinden sehr wahrscheinlich". Diese Übersicht (s. Tab. 6.1) zeigt neben deutlichen Unterschieden aber auch Gemeinsamkeiten auf, die eine hervorragende Basis bilden, um die Medianten zu ermutigen, den anstrengenden Weg der Mediation zu wagen. Als Mediator hat man viele Möglichkeiten, den Konfliktbeteiligten, den Einstieg in die Mediation zu erleichtern. Bielecke (2018) zeigt anhand von acht „Ansatzpunkten und Interventionsmöglichkeiten" (S. 77) auf, wie man –ohne inhaltlich einzusteigen- Vertrauen in das Verfahren und die Person des Mediators aufbaut und damit die Auftragsklärung professionell und umfassend gestaltet.

6.1.3 Zum Verlauf der Mediation

Aus organisatorischen Gründen hatten wir mit den Medianten vereinbart, den Mediationsprozess an einem Wochenende zu starten und dafür zunächst zwei Tage zu reservieren. Wir wiesen darauf hin, dass gute Chancen bestünden, in diesem Zeitraum zu einer gemeinsamen Lösung zu kommen, aber auch weitere Termine möglich sein könnten.

Phase 1 Ankommen und Warming up Im Raum hatten wir Flipcharts mit grundlegenden Informationen zur Mediation (Struktur, Prinzipien) und einige Regeln zur Kommunikation (z. B. Ich-Botschaften geben) aufgehängt. Abwechselnd erläuterten wir die Inhalte und sagten ein paar Worte zu uns persönlich und unserem beruflichen Hintergrund. Diese Phase diente dem „warming up" und einem ersten Kennenlernen und Vertrauensaufbau.

Tab. 6.1 Überblick Belastungsfaktoren und bedeutsame Themen im Vorfeld der Mediation

	Belastungsfaktor	Thema Prio 1
Vater	Unfriede seit Tod der Mutter	Auflösung Erbengemeinschaft
Geschwister 1	Uneinsichtigkeit des Vaters	Verantwortlichkeit Kinder gegenüber Vater
Geschwister 2	Erbe steht immer im Vordergrund	Auflösen der Erbengemeinschaft
Geschwister 3	Kommunikationsstörung und Emotionalisierung	Notwendigkeit Bestandsverkleinerung
Geschwister 4	„Erbe" ist einziges Gesprächsthema	schriftliche Dokumentation im Hinblick auf Lebensabend des Vaters

Phase 2 Erste Austauschrunde bzw. **Interaktion der Medianten** Mit der offenen Frage „Mit welchem Gefühl sind Sie heute hierhergekommen?" wollten wir den Familienmitgliedern die Möglichkeit geben, sich persönlich zu äußern, Redezeit für sich zu beanspruchen und allen Beteiligten zuzuhören. Uns Mediatoren gab es die Gelegenheit, mit dem Familiensystem in Kontakt zu kommen und ein Gespür für die einzelnen Persönlichkeiten zu entwickeln. Mehrmals griffen wir in den Redefluss ein, wenn die Beteiligten sich gegenseitig unterbrachen oder ins Wort fielen. Diese Phase dauerte sehr lange (etwa neunzig Minuten) und war gut investierte Zeit, da die Medianten merkten, dass wir sie in ihren unterschiedlichen Sichtweisen und Gefühlslagen wahrnahmen und darauf achteten, jedem Familienmitglied seinen Raum zu geben. Da zwei Geschwister sehr schnell und mit hoher emotionaler Aufladung sprachen, fiel es uns stellenweise schwer, den Ausführungen zugewandt zu folgen und die einzelnen Aussagen im Sinne des Aktiven Zuhörens zu paraphrasieren. Durch behutsame Rückmeldungen wie

> Sie sprechen für unser Empfinden sehr schnell, sodass wir kaum folgen können. Ich würde aber gern verstehen, worum es Ihnen in diesem Punkt geht. Was ist Ihnen hier besonders wichtig?

konnten wir erreichen, dass sich die beteiligten Familienmitglieder ernst genommen fühlten, sich aber auch bemühten, klarer und fokussierter zu sprechen.

Für den Vater war hilfreich, dass wir auf seine Zugehörigkeit zu einer anderen Generation und deren besonderen Erfahrungshintergrund eingingen.

Phase 3 Themensammlung und Konfliktbearbeitung Nach der ersten Pause erfolgte die Themensammlung sehr diszipliniert: Wir hatten für jeden Teilnehmer ein Flipchart vorbereitet und hielten die Themen nacheinander darauf fest. Die gemeinsame Priorisierung nahmen die Familienmitglieder ebenfalls zügig vor und einigten sich auf das Thema: „Umgang mit dem Haus in der Straße X" (eine Immobilie, in der ein Geschwister günstig zur Miete wohnt).

Die Erarbeitung der Interessen und Bedürfnisse erforderte im weiteren Verlauf sehr viel Geduld und Fingerspitzengefühl, da die Medianten mehr oder weniger dazu neigten, ihre (teilweise schon schriftlich vorbereiteten) Lösungen in den Ring zu werfen und die Bedürfnisse der anderen Familienmitglieder zu „überspringen". Wir wiesen wiederholt auf die Struktur des Verfahrens hin und erklärten, dass wir zunächst die Anliegen jedes einzelnen in der Familie verstehen und festhalten möchten: „Warum ist Ihnen die Zukunft des Hauses in der Straße X so wichtig?".

Phase 4 Lösungsoptionen zusammentragen und bewerten Am zweiten Tag der Mediation nahmen wir uns Zeit für eine Runde, in der jeder Mediant sich äußern konnte, wie er den ersten Tag erlebt hatte und wie er sich heute fühlte. Es bestanden große Unterschiede: Der Vater schien irritiert und aufgelöst, alles sei ganz furchtbar.

Ein Mediant bat sein Geschwister für seine aggressiven Worte und Beleidigungen um Entschuldigung und sprach die Vermutung aus, sein cholerisches Verhalten möglicherweise von der verstorbenen Mutter geerbt zu haben. Dieselbe Person führte aus, dass sie mit dem jetzigen Wohnort tief verwurzelt sei und nicht wegziehen wolle.

Ein anderes Kind fühlte sich „plattgewalzt", erdrückt, und empfand die Mediation als eher verschwendete Zeit. Nach Gesprächen mit dem Vater beim Frühstück sah es wenige Chancen für eine Lösung.

Kind 1, das sehr viel Vorarbeit für die Mediation geleistet hatte, fühlte sich entlastet, da es nicht vermitteln musste. Ein anderes Geschwister äußerte Ängste, fühlte sich belastet durch den bisherigen Prozess der Mediation.

Es war wichtig, den einzelnen Medianten in dieser Phase der Mediation Raum zu geben, um über das persönliche Erleben zu sprechen, auch negative Gefühle und Bedenken offen zu legen und damit gleichzeitig ihre Bedrohlichkeit zu vermindern. Von uns Mediatoren wurden der Mut und die Bereitschaft, sich dennoch auf weitere Schritte in der Mediation einzulassen, positiv konnotiert.

Als weitere Intervention schlugen wir der Familie vor, die Sitzordnung des ersten Tages zu verändern. Wir begründeten dies mit der Erfahrung, dass sich dadurch eingefahrene Kommunikationsmuster eher verändern ließen und es leichter fiele, eine andere Perspektive einzunehmen. Das Kind, das günstig zur Miete nahe beim Vater wohnte, saß nun weiter entfernt und ein anderes Geschwister übernahm den „Vorsitz". Dieses Kind beachtete am ehesten die vereinbarten Regeln der Kommunikation und verdrehte gelegentlich die Augen, wenn der Ton sehr aggressiv wurde. Während der zwei Tage machte sich dieser Mediant regelmäßig Notizen und hielt, wie wir vermuteten, unsere Interventionen fest.

Insgesamt hatten wir eine gute atmosphärische und emotionale Basis des „Miteinander" geschaffen, um überhaupt in eine konstruktive Lösungsphase eintreten zu können. Glasl (2010) spricht hier von den erforderlichen „Wendeerlebnissen", eine Art seelisch-geistige Umkehr, wodurch die Konfliktparteien bereit sind, ihre Wahrnehmung zu schärfen, festgefahrene Ansichten und Zuschreibungen zu hinterfragen und neue Wege zu beschreiten (2010, S. 347–348).

6.1.4 Welche Interventionen haben die Mediation vorangebracht?

Folgende Punkte waren für den Erfolg der Mediation wesentlich:

* Strikter, vehementer Hinweis auf die Struktur der Mediation, als ein Geschwister am Anfang schon Lösungsvorschläge bringt („das habe ich mir doch schon vor langer Zeit überlegt!"- „Warum kann man denn diese Betonwand nicht wegnehmen …?"), wir aber noch mitten in der Phase der „Interessen und Bedürfnisse" stecken
* Immer wieder Unterbrechen von Vorwürfen, Unterstellungen („du bist geldgierig"), Schuldzuweisungen und Zurückführen zu Ich-Botschaften
* Hinweis auf lange Jahre erprobtes „Ping-Pong-Spiel" der gegenseitigen Vorwürfe und aggressiven Beschuldigungen und damit Auslösen von Betroffenheit
* Frage nach einem gemeinsamen „höheren Ziel", das sie in der Lösungsfindung voranbringen könnte
* In diesem Fall wurde von zwei Geschwistern das „Bedürfnis nach Gerechtigkeit" geäußert. Was bedeutet Gerechtigkeit für die betroffenen Familienmitglieder? Geht es noch heute um eine „Berechnung", die ja für die Zukunft vorgenommen wird? Welche „Schuldkonten" bestehen eventuell bis in die Gegenwart, werden aber nicht angesprochen?
* Fragen nach einem gemeinsamen positiven Erlebnis
* Wertschätzung durch die Mediatoren („Sie haben es geschafft, alle hierher zu kommen und sind sehr gut vorbereitet") und Akzeptanz und Empathie für die unterschiedlichen Gefühlslagen („für Menschen Ihrer Generation war es nicht leicht …")
* Anregen zur Reflexion: Wie kann es sein, das dieses Thema der Mietminderung für ein Geschwister eine so große Bedeutung in Ihrer Familie hat? Haben Sie dazu Hypothesen?
* Ein Mediant schildert daraufhin, dass das Kind, das heute in der familieneigenen Immobilie günstig zur Miete wohnt, in frühen Jahren sehr schwach gewesen sei und die Eltern sich daher immer besonders bemüht hätten.
* Ansprechen und einfühlsames Auffangen, wenn starke Gefühle sichtbar werden (z. B. verliert ein Geschwister, das sich sehr um die Mediation bemüht hatte, am Ende nahezu die Fassung. Ein tiefgehender Konflikt mit dem Vater wird offenbar und soll außerhalb der Mediation bearbeitet werden).

6.1.5 Kritische Reflexion des Mediationsprozesses

▷ Was war hilfreich und zielführend?

- Arbeit in Co-Mediation (siehe auch Kap. 7)
- Angebot für Weiterarbeit am nächsten Tag
- Deutliche Visualisierung aller Beiträge am Flipchart und Aufhängen der Flipcharts im Raum (z. B. Regeln, Struktur, Prinzipien, Themen, Anliegen jedes Einzelnen)
- Pausen machen
- Feedback des Mediators an ein Familienmitglied: „ich habe Probleme alles aufzunehmen, was Sie sagen, es ist zu viel Information für mich."
- Konzentration auf ein Zahlenbeispiel, um eine gemeinsame Diskussionsbasis herzustellen („so habe ich das noch nie nachgerechnet.")
- Ambivalenz zwischen Rationalität („wir wollen vernünftig miteinander reden!") und dem Sog der Gefühle aufzeigen, die sich in vielen Jahren angestaut haben („das Zerwürfnis zwischen unserem Vater und Geschwister 2 liegt schon fast 30 Jahre zurück!"- „Ich weiß nicht, was Du Dir in Deinem gespinnerten Kopf ausdenkst!"- „Ich verstehe Dich einfach nicht!"- „Die sind einfach nur neidisch aufeinander!")

▷ Was würden wir beim nächsten Mal anders machen?

Störfragen stellen Mit Blick auf das Abschlussmemorandum könnte man die verstorbene Mutter als „Gestalt" mit in die Runde holen und den Vater fragen: „Was würde Ihre Frau zu diesen Vereinbarungen sagen?" Würde sie etwas ändern wollen? Die Auseinandersetzung mit solchen „Störfragen" kann dazu beitragen, dass das Ergebnis der Mediation nachhaltig zur Zufriedenheit der Beteiligten beiträgt und nicht infrage gestellt wird.

Mehrgenerationen-Perspektive beachten Durch den Zeitdruck am zweiten Tag der Mediation sind wir zu wenig auf die emotionale Befindlichkeit des Vaters eingegangen, der dies auch im Feedbackbogen zum Ausdruck bringt: „Meine Einwendungen sind bei dieser großen Runde zum Teil untergegangen". Hier würden wir in Zukunft ansprechen, dass ein Elternteil, der einer anderen Generation angehört, es vermutlich nicht leicht haben wird, da sich einer „Front" von deutlich jüngeren Menschen (in dem geschilderten Fall vier Kinder und zwei Mediatoren)

gegenüber sieht, die einen ganz anderen Erfahrungshintergrund haben. Um diese
Front aufzulösen würden wir in der Co-Mediationsarbeit die Rollen klarer verteilen
und dafür sorgen, dass eine Kollegin besonders dem hochbetagten Familienmitglied
Unterstützung anbietet, es aber auch konfrontiert, wenn dies notwendig sein sollte.
Selbstverständlich wird damit nicht das Prinzip der Allparteilichkeit infrage gestellt.

Identifikation mit einzelnen Medianten bewusst machen In der Rolle als
Mediator kann es passieren, dass man sich mit einzelnen Beteiligten besonders
identifiziert, da Ähnlichkeiten oder Gemeinsamkeiten im Hinblick auf die
Geschwisterposition, Beruf, Rolle in der Familie o. ä. bestehen. Im vorliegenden
Fall berührte uns besonders der desolate Zustand eines Geschwisters am Morgen
des zweiten Tages der Mediation. Dieses Familienmitglied hatte sich schon im
Vorfeld der Sitzungen stark engagiert und die Nacht zwischen den Mediations-
tagen mit Überlegungen und Berechnungen zur Lösungsfindungsphase verbracht.
Hier wäre es wichtig gewesen, darauf hinzuweisen, dass es zielführend und hilf-
reich sein kann, die Initiative zu übernehmen, dass dies aber nichts damit zu
tun hat, den „Familienfrieden" zu retten. Mit dieser Intervention wird einerseits
Wertschätzung ausgedrückt, andererseits aber auch Distanz zu den besonderen
Anstrengungen eines Familienmitglieds geschaffen.

6.1.6 Das Thema „Gerechtigkeit" in der Mediation

Angeregt durch die Betrachtung der „persönlichen Anliegen" zweier Geschwister
in dem geschilderten Fallbeispiel, die sich gegenseitig stark verbal bekämpften,
möchten wir uns mit dem Thema „Gerechtigkeit" in der Mediation auseinandersetzen.

Beide Medianten erwähnten „Bedürfnis nach Gerechtigkeit" bzw. „Bedürfnis
nach Gerechtigkeit für alle" in ihren tieferliegenden Interessen. Da beide
Geschwister nicht nur vom Typus (die eine Person sehr intellektuell, weit vom Vater
entfernt, eher hagere Gestalt, die andere Person eher praktisch veranlagt, nah beim
Vater, etwas rundlich) sondern auch von ihrer Position und Erfahrung in der Familie
sehr unterschiedlich waren, gingen wir davon aus, dass auch ihr „Gerechtigkeits-
begriff" sich unterschied bzw. verschiedene Facetten beinhaltete. Leider haben wir
es in der Mediation versäumt nachzufragen, was sie damit meinen.

„Sowohl die Ebene der subjektiven Gerechtigkeitsvorstellungen" (…) wie
die Ebene der allgemeinen „Gesetzesnormen und Rechtsprechung" (Ripke 2009,
S. 161) sollten im Rahmen der Mediation für die Klienten so bearbeitet werden,
dass sie optimalen Nutzen daraus ziehen und ihre Autonomie erhalten bleibt.

Ein wichtiges Thema in der Erbengemeinschaft war für alle Beteiligten die Situation, dass ein Geschwister mehrere Jahre eine Wohnung im Haus der Eltern zu sehr günstiger Miete bewohnte und die anderen Kinder vom Vater zu Weihnachten einen finanziellen Ausgleich erhalten hatten.

Diese Zuwendung wurde nun von den anderen Geschwistern als „ungerecht" empfunden, da sie die Mietminderung als größeren Vorteil ansahen. In unserem Mediantensystem lag also eine empfundene „Ungleichheit" vor, die durch „ungleiche bisherige Leistungen" (s. Ripke 2009, S. 170) entstanden war.

Bei der Lösungsfindung wäre es hilfreich gewesen zu fragen, welche Art von „Verteilungsgerechtigkeit" zur Anwendung kommen sollte. Möglicherweise gab es ja in der Vergangenheit (s. „Verrechnung bezieht sich auf die Vergangenheit", Ripke 2009, S. 171) Vorteile eines Geschwisters, dem eine teure Ausbildung finanziert worden war, gegenüber einem anderen.

Wir hatten von den Medianten gehört, dass Geschwister 3, das ja von der günstigen Miete profitierte, als Kind sehr schwach gewesen sei und die anderen sich um es kümmern mussten. Möglicherweise war im Vater noch immer diese „Verrechnung" lebendig, während die Mediation heute ja eine „Berechnung" (Ripke, S. 171) in die Zukunft vornimmt. (s. a. Bastine, S. 38 ff.).

Im Prozess der Mediation achteten wir auf „prozedurale Gerechtigkeit" (Bastine 2004, S. 21), oder „Verfahrensgerechtigkeit" (Ripke 2009, S. 172). Allerdings hätten wir am zweiten Tag insbesondere die Medianten fragen können: „Wie geht es Ihnen im Hinblick auf die Verfahrensgerechigkeit? Fühlen Sie sich alle gleich von uns gesehen und gehört?". Möglicherweise hätte der Vater hier sein Gefühl des Vernachlässigtseins zum Ausdruck gebracht und wäre mit dem Ergebnis zufriedener gewesen. Unsere ausführliche und visualisierte Einführung von Kommunikationsregeln am Anfang hat sicher zum konstruktiven Verlauf der Mediation beigetragen: „Je höher die wahrgenommene Verfahrensgerechtigkeit ist, umso eher sind die Konfliktparteien bereit, das Mediationsergebnis – auch wenn große Kompromisse zu leisten waren – zu akzeptieren." (Montada und Kals 2001, S. 130).

Eine Frage, die uns in diesem Zusammenhang beschäftigte, war, zu welcher Vorstellung von Gerechtigkeit wir selbst neigen und wie diese „Werthaltung" möglicherweise unsere Allparteilichkeit gegenüber den Medianten beeinflusste. In unserer Erziehung und Familiensozialisation stand das „Leistungsprinzip" stark im Vordergrund und unsere Eltern vermittelten uns, dass eine solide Ausbildung extrem wichtig für den Erfolg im Leben sei.

Während der Mediation merkte einer der Mediatorinnen, dass sie sich innerlich mit dem leistungsstarken, selbstständigen Geschwister (Kind 2) verbündete und dieser Person – obwohl ihr Kommunikationsstil als sehr anstrengend empfunden wurde – viel Verständnis entgegenbringen konnte.

Wenn wir allein mediiert hätten, wären der Vater und eventuell auch das ihm „nahe" Kind 3 „ausgestiegen", da sie sich von uns zu wenig verstanden gefühlt hätten. Zum Glück hatte eine Mediatorin schon am Anfang Empathie für den Vater signalisiert und damit eine gute Vertrauensbasis geschaffen. Somit erlebten wir unsere Zusammenarbeit als ein positives Beispiel für „eine kooperative Arbeitsbeziehung" (Bernhardt und Winogand 2009, S. 891), bei der wir uns das „Territorium" teilten und nicht konkurrierten.

6.1.7 Reflexion der Kommunikationsmuster im Familiensystem

Ripke und Bastine unterscheiden „eskalierende, komplementäre und defensive Konstellationen" (S. 137, 2007). Der Vater und das „ferne" Geschwister 2 bieten uns mehrmals das Muster der „eskalierenden Konstellation", in dem sie gegenseitig heftige Vorwürfe („Geldgier") machen oder zynisch werden („jetzt fehlt nur noch, dass Du das Hochzeitsalbum hervorholst"). Auch nonverbal beobachten wir abwertende Blicke und Gesten. Zwischen dem „nahen" Kind 3 und dem „fernen" Kind 2 hat sich eine „komplementäre Konstellation" entwickelt. Kind 3 beschuldigt ihr Geschwister 2 völlig unverständlich zu sprechen und greift es an: „Was du dir in deinem spinnerten Kopf ausdenkst ...!" während sich Kind 2 eher abwendet, Blickkontakt vermeidet und der direkten Auseinandersetzung ausweicht.

Unsere „mediatorische Antwort" (S. 137, 2007) auf diese wiederholten destruktiven Interaktionsmuster (Duss-von Werdt 2009, S. 244) waren konsequente Hinweise auf unsere am Anfang vereinbarten Regeln wie „Du-Botschaften vermeiden". An einer Stelle stand eine Mediatorin auf und sagte in energischem Ton, dass sie dieses Muster der gegenseitigen Vorwürfe – eine Art „Pingpong-Spiel" – sehr gut beherrschten, es aber nicht zielführend und unsere Zeit für die Mediation ja sehr begrenzt sei.

Geschwister 3 kam am zweiten Tag der Mediation auf Geschwister 2 zu und bat um Entschuldigung für seinen heftigen Ausbruch am Tag zuvor. Vielleicht setzte diese Geste eine Art „Emotionalen Wendepunkt in der Konfliktentwicklung" (Glasl 2010, S. 348) in Gang: Das bedeutet, dass ein Mitfühlen und Respektieren der Gefühle des anderen bewirkt wird. Mediant 2 war sichtlich überrascht und wir interpretierten seinen Blick als Annahme der Bitte um Entschuldigung.

Holler (2010, S. 147) beschreibt als wesentlichen Entwicklungsprozess in der Lösungsphase der Mediation:

„Durch das wachsende gegenseitige Verständnis erkennen und erleben die Beteiligten, dass es nicht das einzig „richtige" Verhalten und die einzige „Wahrheit" gibt, sondern dass unterschiedliche Möglichkeiten des Erlebens und Verarbeitens von Geschehnissen existieren."

Rückblickend finden wir es sehr zufriedenstellend, dass wir trotz hoher Barrieren und Widerstände zu einer Abschlussvereinbarung gekommen sind. Insbesondere die selektive und eingeengte Aufmerksamkeit, der „Tunnelblick", also die Konzentration auf Auseinandersetzungen, Verletzungen und Kränkungen und auf Vergangenes stand die ganze Zeit als Hindernis für eine gemeinsame Lösungsfindung im Raum. An einer Stelle (als der jahrzehntelange Konflikt zwischen Vater und Kind 2 erwähnt wurde) sind wir kurz darauf eingegangen und haben gefragt, ob es dennoch möglich für sie sei, heute die Zukunft ihrer Erbengemeinschaft zu regeln.

Wir sind überzeugt, dass die Vorarbeit und die konstruktiven und intelligenten Vorschläge von Kind 1 sehr zum Gelingen der Mediation beigetragen haben. Letztendlich hat dieses Familienmitglied emotional während der zwei Tage dafür einen hohen Preis bezahlt, nämlich vom Vater tief enttäuscht zu werden („Ich will mit keinem meiner Kinder mehr irgendein Haus zusammen besitzen!").

6.2 Mediation zwischen vier Geschwistern im Kontext eines Familienunternehmens

Gegenstand dieser Familien-/Erbmediation war die Nachlassaufteilung von Immobilien zwischen vier Geschwistern nach dem Tod des zuletzt verstorbenen Vaters.

6.2.1 Rahmenbedingungen der Mediation

Die Medianten kamen über meine Kanzleiwebsite. Das Interesse an meiner Kanzlei wurde dadurch hervorgerufen, dass ich Mediatorin und im Grundberuf mit Erbrecht und Testamentsvollstreckung befasste Rechtsanwältin bin.

Die Medianten wünschten eine Mediatorin mit Erfahrung in Nachlasssachen und Testamentsvollstreckung. Die Kontaktaufnahme zu meiner Kanzlei erfolgte seitens eines der beteiligten Geschwister telefonisch.

Zwei der Geschwister hatten im Bekanntenkreis von dem Verfahren der Mediation schon gehört und baten um Informationen darüber, insbesondere im Hinblick auf die Eignung in ihrem Konflikt.

Für sie stand durchaus im Raum, dass die ganze Angelegenheit vor Gericht ausgetragen werde, was sie vermeiden wollten, da einvernehmliche Lösungen gewünscht wurden. Dies auch im Hinblick auf familiäre Bindungen, die auch über die Beziehungen der beteiligten Geschwister hinaus bestanden.

Im ersten Telefonat mit dem einen Beteiligten wurde von mir ein persönliches Vorgespräch mit den zwei Schwestern vereinbart, welches an dem festgesetzten Termin stattfand.

In diesem Termin mit zwei der Geschwister in meinen Räumen sollten die Chancen und Risiken sowohl eines rechtlichen, wie auch eines Mediationsverfahrens besprochen werden. Die vorab erbetenen Informationen und der Sachverhalt wurden in sehr geordneter Form übersandt.

Es lag folgende Fallkonstellation zugrunde:

Der Vater der Medianten (zwei Söhne, zwei Töchter) war vor ca. einem Jahr in hohem Alter verstorben. Er hatte sein Testament, in dem die Verteilung des Nachlasses, der u. a. aus zahlreichen Immobilien bestand, immer wieder geändert und damit die Verteilung an die Kinder immer wieder neu geregelt. Es gab mehrere von ihm vorgenommene, geänderte Vorschläge der Verteilung, welche Kinder zusammen Immobilien und alleine Immobilien übernehmen können. Diese Aufzeichnungen fanden die Geschwister nach dem Tod des Vaters, der darauf viel Zeit und Mühe verwendet hatte.

Eine Schwester war mit einem Vermächtnis zugunsten eines Bruders belastet, das je nach Auslegung eine große Belastung für sie sein konnte, was den Geschwistern bewusst war.

Das väterliche Unternehmen (die Mutter starb bereits im Alter von 50 Jahren) wurde viele Jahre von zwei der Geschwister, einem Bruder und einer Schwester geleitet, die jedoch nicht zusammenarbeiten konnten. Die Schwester verließ das Unternehmen, machte sich mit einem ähnlichen Unternehmen, jedoch wenig erfolgreich, selbstständig und erhielt von dem in dem Unternehmen verbliebenen Bruder und dem Vater einen hohen finanziellen Ausgleich für ihr Ausscheiden aus dem Familienunternehmen.

In dem ersten Gespräch waren die zwei anwesenden Geschwister nach der Darstellung des Falles sicher, dass für alle Geschwister klar sei, dass die von dem Vater vorgesehenen Konstellationen der Immobilienübernahme im Grunde auszuschließen sind.

Besonders eine Immobilie lag allen Geschwistern am Herzen, die aus dem großelterlichen Nachlass stammte, in der die vier Geschwister, wie auch heute ihre Kinder, viel Zeit verbrachten und verbringen. Ein Verkauf in fremde Hände oder gar eine Teilungsversteigerung war von keinem in der Familie gewünscht, jedoch ggf. unausweichlich, wenn eine Einigung nicht erzielt werden könnte.

Im Verlauf des ersten Gespräches mit den beiden Geschwistern kristallisierte sich sehr schnell heraus, dass eine rechtliche Austragung der Angelegenheit und der Konflikte und der Gang vor Gericht nicht wirklich eine Option waren.

Aufgrund der Vielzahl der von dem Vater hinterlassenen Testamente, der von dem Vater vorgeschlagenen Konstellationen der Immobilienübernahme und -verteilung wie auch den unterschiedlichen Möglichkeiten der Geschwister, war eine rechtliche Auseinandersetzung mit hohen finanziellen Risiken verbunden, die von keinem der vier Geschwister gewünscht wurde.

Die in dem Gespräch anwesenden zwei Geschwister teilten mit, dass den Geschwistern bekannte Rechtsanwälte und Steuerberater diese Einschätzung der rechtlichen Risiken teilten und zu bedenken gegeben hatten.

Nach dem Erstgespräch erschien den beiden Geschwistererben die Durchführung eines Mediationsverfahrens sehr aussichtsreich, um eine nachhaltige Lösung zu erreichen.

Ausgestattet mit Informationen zu Ablauf und Struktur der Mediation führten die beiden Geschwister Gespräche mit Schwester und Bruder. Die Schwester, die in anderem Bereich Teilnehmerin einer Mediation war, die nicht zum Erfolg führte, sondern alles verschlimmerte, war mit großen Zweifeln bereit, teilzunehmen.

Sie kam dem Angebot nicht nach, vorab ein telefonisches Gespräch mit mir zu führen. Mit dem anderen Bruder führte ich zwei Telefongespräche. Er war sofort bereit, den Weg der Mediation zu gehen.

An die vier Medianten wurden Anmeldebögen und ein Vertragsentwurf mit allen möglichen Eingangsvereinbarungen übersandt. Alle schickten die Anmeldebögen schnell zurück, hatten diese sehr sorgfältig ausgefüllt und darin jeweils drei Themen angegeben, die für sie wichtig waren. Auch das, was sie sich von einer Mediation erhofften, wurde von jedem angegeben. Es kam zügig ein Termin an einem Wochenende zustande, an welchem die Mediation an zwei Tagen durchgeführt werden konnte.

Durch die von mir vorab geführten Gespräche mit den zwei bei mir zum Erstgespräch erschienenen Geschwistern und dem Bruder, mit dem ich zwei Telefonate geführt hatte, die sehr offen, sowohl sachlich, wie auch emotional geführt wurden, konnte vorab schon viel Vertrauen aufgebaut werden. Ein glücklicher Umstand war, dass zwischen den an dem Termin in meiner Kanzlei teilnehmenden Bruder und der Schwester sofort beim Begrüßen viel Sympathie zu spüren war, was das Vertrauen begünstigte.

In den Telefonaten mit dem Bruder, der sich damit einverstanden erklärte, erlebte ich Ähnliches.

Es wurde von mir vorgeschlagen, dass ich in Co-Mediation mit meiner Kollegin, die Diplom-Psychologin ist, arbeite.

Insbesondere die ältere Schwester begrüßte dieses Angebot der Co-Mediation sehr, auch im Hinblick auf den tiefwurzelnden Konflikt der beiden Geschwister, die das väterliche Unternehmen zunächst zu zweit weitergeführt hatten. Alle vier Medianten waren mit Co-Mediation einverstanden.

6.2.2 Besondere Konstellation der Konfliktparteien

Wie so oft stellten sich die Geschwister sehr unterschiedlich dar.

Der Bruder, der heute das Familienunternehmen sehr erfolgreich weiterführt und den man als Erfolgsmensch bezeichnen kann, war der Charmante, Risiko-freudige, der das vormals väterliche Unternehmen zu hohen Umsätzen führte. Er ist kreativ, flexibel, hat einen weltweiten Vertrieb aufgebaut.

Die Schwester, die das väterliche Unternehmen verließ, ist die korrekte, solide und ruhige Person, die auch unternehmerisch eher zu Sicherheit und Vorsicht neigt. Sie ist stark mit dem Heimatort, in dem auch die zwei Brüder leben ver-wurzelt, hat dort Aufgaben im Gemeinderat, ist in Vereinen. Die Bezeichnung „bodenständig" trifft auf sie zu.

Zwischen den beiden Geschwistern, die das väterliche Unternehmen leiteten, bestehen von Kindheit an tief wurzelnde Konflikte. Die „große" Schwester ist nach dem Studium als Einzige fern vom Heimatort gezogen und leitet ein Unter-nehmen mit ihrem Ehemann. Sie ist das ausgleichende Element zwischen den Geschwistern.

Der jüngere Bruder wohnt im Heimatort, ist auch immer bestrebt ausgleichend zwischen den Geschwistern zu sein.

Die Schwester und der Bruder, die bei mir in der Kanzlei waren, haben ein sehr inniges Verhältnis, stützen sich gegenseitig in dem Konflikt, sind bestrebt Einigungen über die Verteilung der Immobilien zu finden. Sie sorgen sich um den schon immer bestehenden Konflikt zwischen den beiden Geschwistern, die das väterliche Unternehmen übernommen haben, als der Vater aus Altersgründen die Firma übertragen hat. Das die Schwester ggf. belastende Vermächtnis möchten sie so verstanden wissen, dass sie als wirtschaftlich Schwächere nicht finanziell in die Enge getrieben wird.

Die beiden Geschwister haben zu den anderen beiden Geschwistern ein aus-gewogenes Verhältnis und pflegen mit ihnen Kontakt. Der verstorbene Vater hat in seinen zahlreichen Testamenten die ältere Schwester und den jüngeren Bruder zu Testamentsvollstreckern bestimmt, was beide als Bürde empfinden, insbesondere im Verhältnis zu den anderen beiden Geschwistern, da ihnen eine dominierende Rolle zugeteilt wird, die sie nicht möchten.

Die beiden Geschwister haben sich für das Verfahren der Mediation interessiert, um Lösungen mit allen Geschwistern zu finden, um den Rechtsweg zu vermeiden, der ohne baldige Einigungen unausweichlich erschien. Der jüngere Bruder hat sich wegen der Auslegung des Vermächtnisses an eine der Schwestern bereits anwaltlich beraten lassen.

6.2.3 Struktur und Verlauf der Mediation

Für die Mediation waren ein Freitag und ein Samstag vereinbart worden. Das erste Setting wurde mit einer Begrüßung am Freitag begonnen, die aufgelockert und zwanglos war. Die Medianten sprachen alle ihre Vorbehalte und Bedenken vor dem aus, was geschehen werde.

Begonnen wurde mit einer kurzen Vorstellungsrunde, um dann das Verfahren, die Regeln und die Vereinbarung zu besprechen, die alle mitgebracht hatten und ohne Änderungswünsche unterzeichneten.

Die Frage, mit welchen Vorstellungen, Erwartungen sie gekommen seien, entfachte eine lebendige Diskussion, aus der sehr schnell erkennbar war, insbesondere zwischen den beiden Geschwistern, die das väterliche Unternehmen zunächst gemeinsam geführt hatten, dass der Konflikt aus der Kindheit entstammte und die verstorbenen Eltern, insbesondere der Vater, eine starke Beteiligung daran hatten. Seit Generationen gab es Nachlasskonflikte in dieser Familie, mit denen die Medianten groß geworden waren und die sie ein Leben lang belasteten.

Da wir Mediatorinnen, dies aus den uns übermittelten Informationen vermutet hatten, waren von Anfang an zwei zusätzliche leere Stühle in der Runde, die für die Eltern standen, was von den Medianten mit Überraschung, aber durchaus positiv angenommen wurde. Gleichzeitig wurde deutlich, dass alle vier Geschwister unter dem frühen Tod der Mutter gelitten und es nicht leicht hatten, ihren Platz im Leben zu finden bzw. zu erkämpfen. Jeder einzelne hatte als junger Halbwaise und in späteren Erwachsenenjahren mit dem Vater unterschiedliche emotionale Phasen von Distanz und Nähe erlebt. In diesem Kontext war es nicht einfach -unabhängig von dem Vater- gleichbleibend gute Geschwisterkontakte zu gestalten. Die vier Medianten erklärten die Hoffnung, eine Nachlassregelung in Form einer einvernehmlichen Lösung erarbeiten zu können.

Es wurde dann mit der Themensammlung begonnen. Anschließend folgte die Priorisierung. Diese Phase nahm sehr viel Zeit in Anspruch. Zu leicht wurden bei den Themensammlung schon Bedürfnisse geäußert, was wir auffingen und auf die Einhaltung der Struktur verweisen mussten, was jedoch gut von den Medianten angenommen wurde.

Die beiden Geschwister, die bereits in der Kindheit große Konflikte hatten, verfielen gerne in ihre alten Konfliktmuster, was begrenzt zugelassen, aber dann von uns mit dem Hinweis auf Struktureinhaltung aufgefangen und gelenkt wurde. Die Themensammlung und Priorisierung standen am Mittag nach dem dritten Setting am ersten Tag fest, wobei wir darauf hinwiesen, dass Ergänzungen jeder Zeit möglich seien. Anschließend wurde begonnen, die Bedürfnisse/Anliegen der vier Medianten zu erarbeiten.

Diese Phase war für die Medianten und auch für uns sehr anstrengend. Die Medianten äußerten aber hier bereits ihre Zufriedenheit, dass sie in den Pausen nach langer Zeit mithilfe der Mediation wieder in der Lage zu Gesprächen miteinander seien. Sie unterhielten sich und tauschten sich auch über ihre Kinder aus.

Nach der Mittagspause, die wir Mediatorinnen für die Reflexion und Absprache der weiteren Vorgehensweise nutzten, wurde begonnen, die Bedürfnisse/Anliegen der vier Medianten zu erarbeiten.

Auch hier kam es wieder zu Auseinandersetzungen, wobei die Konflikte in der Kindheit, die Eltern und auch das wirtschaftliche Machtungleichgewicht einer Schwester zu ihren Geschwistern zutage trat. Auch hier ließen wir bedingt zu, dass die Konflikte ausgetragen wurden, die Vergangenheit Gegenstand wurde.

Wir erlebten Eskalationen zwischen den beiden Geschwistern, die von Kind an Konflikte miteinander hatten. Durch Paraphrasieren und Nachfragen deeskalierten wir das gegenseitige Verständnis der Geschwister für die Bedürfnisse des anderen. Die zwei konfliktträchtigen Geschwister waren jeweils zu einem anderen Zeitpunkt einen Moment dem Verlassen des Raumes nahe, was wir auffangen konnten, in dem wir uns jeweils demjenigen zuwandten, seine Bedürfnisse paraphrasierten, zuhörten und Verständnis signalisierten.

An dieser Stelle war auch die Frage hilfreich: „Was müsste für Sie hier geschehen, dass Sie weiter mit an der Mediation teilnehmen können, was wäre für Sie besonders wichtig?"

Die Herausforderung bestand darin, die Vergangenheit ein Stück weit zuzulassen und dann jedoch wieder zur Zukunft zurückzukehren. Hier bestand die Gefahr, die ältere Schwester und den jüngeren Bruder zu verlieren, ob des dominierenden Konfliktes zwischen den anderen beiden Geschwistern. Durch Hinwendung zu ihnen und Paraphrasieren ihrer Bedürfnisse stellten wir jedoch fest, dass sie uns nicht verloren gingen, sie fühlten sich nicht in zweiter Reihe.

Die Entwicklung der Optionen im letzten Setting des ersten Tages ging sehr zügig und es wurden alle Möglichkeiten der Übernahmen der Immobilien in verschiedensten Konstellationen, wie auch geldwerter Ausgleich und Verkauf aufgeführt. Hier spürte ich jedoch große Unsicherheit, vor allem bei der Schwester, die wirtschaftlich schwächer war als die anderen Geschwister.

Ich regte an, mit Blick auf die Informiertheit, als wichtiger Punkt in der Mediation, dass die Optionen und mögliche Übernahmekonstellationen wirtschaftlich in Form von Zahlen beleuchtet werden sollten, da ohne Zahlen d. h. Übernahmemodalitäten die Entscheidung des wirtschaftlich Machbaren für die Medianten kaum möglich war. Diese Anregung fand großen Zuspruch am Ende des ersten Tages.

Den zweiten Tag begannen wir nach der Begrüßung mit Fragen nach dem Eindruck des ersten Tages und den Vorstellungen für das Kommende.

Die Medianten empfanden den ersten Tag als harte, aber befriedigende Arbeit, sahen die Möglichkeiten von Lösungen nahend. Der Wunsch am zweiten Tag zum Ende zu kommen, war bei allen groß. Der jüngere Bruder fand die Zustimmung aller, meiner Anregung zu folgen, die Zahlen zu besprechen und die Übernahmemodalitäten wirtschaftlich zu beleuchten.

Der Moment der Diskussion des Zahlenwerkes, für das richtungsweisend verschiedene Grundlagen vorlagen, brachte einen gravierenden Wendepunkt.

Die Geschwister rückten nahe zusammen und rechneten, diskutierten, entwickelten Lösungen miteinander und füreinander.

Zu diesem Zeitpunkt, zogen wir Mediatorinnen uns aus dem aktiven Geschehen zurück und beobachteten das gemeinsame, zielführende Arbeiten der Medianten.

Es wurden Lösungen erarbeitet, die die Bedürfnisse aller abdeckten, was in der Weiterarbeit in Form des Abgleiches Thema, Bedürfnis, Lösung festgestellt wurde. Für das weitere familiäre Miteinander erarbeiteten die vier Medianten einen jährlichen „Jour fixe", an dem sie sich an einem Wochenende treffen wollen, z. B. auch als gemeinsame Wanderung oder Treffen in dem großelterlichen Anwesen gestaltet, das drei der Geschwister gemeinsam übernehmen wollten.

Auf dem Flipchart wurden Vereinbarungen festgelegt, die von allen unterzeichnet wurden. Der jüngere Bruder übernahm die letzte Aktion der Bürde ihres Testamentsvollstreckeramtes, diese Vereinbarungen dem Notar zur weiteren notariellen Bearbeitung und Veranlassung zu übermitteln.

6.2.4   Kritische Reflexion der Interventionen

Hilfreich und zielführend waren in dieser Mediation folgende Interventionen:

- Zulassen der Vergangenheit, um die Rolle des verstorbenen Vaters zu reflektieren;
- Die Eltern in das Mediationsverfahren einzubeziehen, in dem zwei Stühle für sie in die Runde aufgenommen wurden;
- Das Erkennen und Aussprechen der schon immer gelebten Konfliktmuster zwischen den beiden Geschwistern, die das väterliche Unternehmen nach dem Tod der Mutter führten;
- Rückführung zur Struktur des Mediationsverfahrens bei Eskalationsansätzen und gegenseitigen Vorwürfen;
- Frage nach der nächsten Generation bezüglich des Familienbesitzes;
- Co-Mediation;
- Wechsel der Sitzplätze;
- Zulassen des Wunsches aller, die Zahlen zu bearbeiten;
- Wertschätzung der guten Zusammenarbeit, des Bemühens Lösungen zu erarbeiten.

Das Ergebnis der Mediation war für die Medianten in ihrem Konflikt in der Nachlassverteilung, wie auch für ihr familiäres Miteinander mehr als zufriedenstellend. Sie hatten nicht zu hoffen gewagt, in einer Mediation so schnell für alle gute Lösungen zu finden und sich familiär wieder näher zu kommen.

Unsere Zusammenarbeit als Mediatorinnen war von guter gemeinsamer Vorbereitung geprägt. Durch Reflexion in den Pausen konnten wir die nächsten Schritte besprechen und in unsere Arbeitsteilung anpassen. Wir haben uns durch unsere verschiedenen Grundberufe ergänzt und konnten so den Medianten und ihren Bedürfnissen gerecht werden.

Für diesen Konflikt in einer Erbangelegenheit war die Mediation geeignet, da hier für alle zufriedenstellende Lösungen erarbeitet werden konnten, was in der Vergangenheit den Geschwistern miteinander nicht gelungen ist.

Der Konflikt stand kurz vor einer rechtlichen Auseinandersetzung, die unter Umständen die familiären Bande stark gefährdet hätte.

Auch in dieser Mediation, die eine Erbauseinandersetzung zum Gegenstand hatte, wurde wieder deutlich, dass familiäre Bindungen mit und ohne vorherige Konflikte durch die „Bürde eines Nachlasses" völlig zerschlagen werden können, wenn ein Konsens zu finden nicht versucht wird.

Die Mediantin drückte es in einer Pause treffend aus:

„Bei all' dem Elend in dieser Welt haben wir Luxusprobleme, die wir in der Lage sein sollten zu lösen."

Die Mediation und die MediatorInnen können in derartigen Konflikten helfen, diese zu lösen und einer Zerschlagung von Familienbanden und Familienbesitz, die allen wichtig sind, entgegen zu wirken. Die Mediation gibt diese Möglichkeiten her, gerichtliche Auseinandersetzungen nicht.

Es erfüllt uns Mediatoren immer wieder mit Freude und Zufriedenheit, wenn nach wirklich harter Arbeit die Medianten mit guten und für alle zufriedenstellenden Lösungen und einem besseren Einvernehmen den Heimweg antreten.

6.2.5 Diskussion des Themas „Freiwilligkeit" in der Mediation

In dem eben dargestellten Fall wurde bereits in den Vorgesprächen mit der älteren Schwester und dem jüngeren Bruder und dem Bruder, mit welchem Telefongespräche vorab geführt wurden, deutlich, dass die zweite Schwester, die an einer Mediation teilgenommen hatte, die nicht zielführend war, sehr skeptisch gegenüber einer Mediation in dem Geschwisterkonflikt war. Deutlich wurde das auch, da sie das Angebot eines Vorgespräches nicht annahm.

Beim Eintreffen am ersten Tag der Mediation sagte sie im Rahmen der Begrüßung, dass sie nicht glaube, durch Mediation Lösungen zu finden.

Hierdurch wurden wir mit der Frage der „Freiwilligkeit" konfrontiert. Nach dem formellen Mediationsprinzip setzt die Teilnahme eine Entscheidung voraus, sich bewusst auf die Mediation einzulassen, freiwillig an ihr teilzunehmen (Glasl in Mediation Band 1, 2012, Seite 11 ff.).

Die Teilnahme an der Mediation erfolgte bei dem der Mediation kritisch gegenüberstehenden Medianten, um sich nicht auszuschließen und um seinen Geschwistern zu zeigen, dass er auch an Einigungen und nicht an einem Rechtsstreit interessiert sei. Ein gewisser „sozialer und moralischer Druck" hat die Aufnahme der Mediation bei ihm bestimmt.

Nach Glasl (2012) reicht das für den Beginn eines Mediationsverfahrens zunächst aus. Die Mediatorinnen haben verstanden und akzeptiert, dass ein Mediant Widerstände hatte und das im Rahmen der Mediation besprochen. Für uns war das Ziel, die Bereitschaft bei ihm zur Mediation zu wecken und ihm zu verstehen zu geben, dass er jederzeit die Möglichkeit, sogar das Recht habe, die Mediation abzubrechen (Glasl 2012).

Kurze Zeit nach Beginn der Mediation erlebten wir das, was Thomann und Prior (in Klärungshilfe 3, 2010, S. 54) beschreiben. Die Mediantin verhielt sich offen und konstruktiv, wollte von den Geschwistern verstanden werden, ihre Erfahrungen und Sichtweisen in dem Konflikt darlegen. Sie wirkte nach Beginn

der Mediation sehr aktiv mit und äußerte in den Pausen, dass sie ihr Meinungs-
bild geändert habe und sie das Verfahren doch als erfolgsversprechend sehe.

Mit Schmidt (in Schmidt/Lapp/Monßen, Mediation in der Praxis des Anwalts
2012, S. 122 ff.) hat das Verfahren aus sich heraus viel Überzeugungskraft
gegenüber der doch erst sehr skeptischen Mediantin entwickelt.

Ihre Bereitschaft, die sich in ihrer Aktivität im Verfahren zeigte, steigerte
sich nach den skeptischen Worten nach der Begrüßung sehr schnell. Diese
Bereitschaft bei ihr entwickelte sich als Ergebnis des Verlaufes der Mediation
(s. a. Duss- von Werth, Einführung in die Mediation 2011, S. 56 ff.).

Auch für diese Mediantin war eine erfolgreiche Mediation möglich, wie aus
dem Ergebnis in der Mediationsvereinbarung ersichtlich wurde und was sie unter
Revidierung ihrer anfänglichen Skepsis am Ende mehrfach betonte.

„Man kann zurecht sagen, dass es nicht die Mediatoren sind, welche die
Verträge schließen, sondern die positive Disposition der Parteien führt zum
Abschluss"[1] (Wicquefort 1680, S. 245).

6.2.6 Mediation versus Rechtsstreit

Die Fragestellung der Geschwister in ihrem Konflikt- Mediation versus Rechtsstreit-,
die zur Kontaktaufnahme mit mir als Mediatorin, mit Erbangelegenheiten und Testa-
mentsvollstreckungen im Grundberuf Befasste führte, warf die Frage nach der Rolle
des Rechts in der Mediation auf.

Es wurden einvernehmliche Lösungen von den Geschwistern zur Nachlassregelung gewünscht, die sie jedoch im Lichte des geltenden Rechts verstanden
wissen wollten.

Die Rolle der zwei Geschwister, die zu Testamentsvollstreckern bestimmt
waren, war keinem der Geschwister verständlich und das Amt per se hatte
Klärungsbedarf.

Bereits nach dem ersten telefonischen Kontakt hatte sich herauskristallisiert,
dass die Frage nach dem Verlauf und Ergebnis eines eventuellen Rechtsstreites
auch in einem Mediationsverfahren nicht außen vor bleiben durfte.

---

[1]*„On peut dire avec verité, que ce ne sont pas les Mediateurs, qui font faire les traités, &
que c'est la bonne disposition des parties qui les fait conclure."* Übersetzung der Verfasserin.

Nach Lis Ripke (Spezialisierungsseminar, „die Rolle des Rechts in der Mediation" 2012, S. 7 ff.) sind Informationen zu möglichen gerichtlichen Entscheidungsergebnissen ein notwendiger Vergleichsmaßstab.

Es war der Weg einer neutralen Einführung des Rechts in der Mediation, statt anwaltlicher Beratung einer oder mehrerer Konfliktbeteiligten zu gehen (Friedrichsmeier in Handbuch Mediation 2009, S. 846 ff.). Es wurde mit den Medianten besprochen, dass bei der Auftragsklärung, wie auch später bei der Erhebung der Informationen, rechtliche Fragen neutral geklärt werden, ohne einen Einstieg in die Beratung einzelner Medianten vorzunehmen.

Hierbei wurde den Medianten empfohlen – und dies wurde auch in den Eingangsvertrag aufgenommen – sich von Rechtsanwälten und Steuerberatern extern beraten zu lassen.

Da die Beratung durch Experten von allen Medianten als wenig zielführend gesehen wurde, wählte ich zur Einführung des Rechts die Methode, die Lis Ripke (2012) darstellt.

Diese Methode basiert auf drei Schritten, des abstrakten Besprechens des Vorganges, einer prägnanten und verständlichen Darstellung und der Bearbeitung der Reaktion der Medianten.

Die Einführung des Rechts in die Mediation stärkt die Autonomie der Medianten, da ihnen vermittelt wird, was ihnen rechtlich zustehen würde und worauf sie unter Umständen verzichten, jedoch auch was sie gewinnen können.

Bei der Erarbeitung der Lösungen, die allen Bedürfnissen gerecht werden, zeigt die Einführung des Rechts, dass es auch bei der Vertragsfreiheit Grenzen durch das Recht gibt.

Dieses Wissen um die Grenzen und der Hinweis auf gesetzlich mögliche Gestaltungen durch den Mediator, führt bei den Medianten zu einer bewussten Entscheidung für Lösungen, die auch die gesetzlichen Kriterien beachten und umsetzbar sind. In diesem Nachlasskonflikt mit seiner umfassenden rechtlichen Gestaltungsnotwendigkeit wurde deutlich, dass das Recht Raum haben muss, um den Bedürfnissen der Medianten gerecht zu werden, um praktikable, zulässige und nachhaltige Ergebnisse zu erarbeiten (Friedrichsmeier 2009).

Reflexion der Co-Mediation

In dem eben dargestellten Fall der Mediation zwischen vier Geschwistern wurde nach dem Erstgespräch mit zwei der beteiligten Geschwister von mir die Co-Mediation vorgeschlagen und von den Beteiligten gerne angenommen.

Aufgrund der mir geschilderten vielfältigen Beziehungs- und Sachaspekte von Konflikten erschien mir zur Bearbeitung dieser Komplexität die Co-Mediation als eine große Ressource.

Die Prognose der zu erwartenden Konflikte und Komplikationen indizierte hier eine fallbezogene Co-Mediation.

Die mir dargestellten, teilweise in der Vergangenheit wurzelnden Konflikte zwischen einzelnen Geschwistern legten es nahe, mit meiner Kollegin, die Diplom-Psychologin ist, dieses Mediationsverfahren durchzuführen.

Wir Mediatorinnen haben die gleiche Mediationsausbildung absolviert und weichen in unserem Verständnis der Mediation in der Rolle der Mediatoren nicht prinzipiell voneinander ab.

Uns steht ein gemeinsam geteiltes Verständnis des Ablaufes, der Prozeduren, Strategien und Interventionen zur Verfügung, was sich immer wieder als sinnvoll in den gemeinsam durchgeführten Mediationen erweist (Bernhardt und Winograd 2009, S. 891).

In der Zusammenarbeit mit der Kollegin zeigte sich wieder einmal, dass die Entscheidung für eine Co-Mediation die Ausgewogenheit (Balance) im Prozess begünstigte. Dies umso mehr, als wir zwei Mediatorinnen aus den Grundberufen der Psychologin und Rechtsanwältin kommen.

Unsere sich ergänzenden Fähigkeiten waren nur zum Vorteil, da einerseits Sachthemen aus dem rechtlichen Bereich in dieser komplexen Nachlassauseinandersetzung zu erarbeiten waren, andererseits ein hohes Konfliktpotenzial durch Verletzungen gegeben war, was starke Emotionen auslöste, die durch

S. Wegner-Kirchhoff und J. Kellner, *Mediation mit Erben,* essentials, https://doi.org/10.1007/978-3-658-24767-6_7

psychologische Interventionen meiner Kollegin aufgefangen werden konnten. Der rechtliche Part, d. h. die neutrale Einführung des Rechts in der Mediation, obliegt aufgrund der fachlichen Qualifikation dem Mediator, der Rechtsanwalt ist.

Im Rahmen der Erfahrungen unserer Zusammenarbeit kristallisierte sich heraus, den rechtlichen Teil gemeinsam, d. h. zusammen mit meiner Kollegin, die Psychologin ist, dazustellen.

Durch die Interventionen der Psychologin, den Medianten während des rechtlichen Teils zu beobachten, Missverständnisse und Schieflagen zu erkennen und Interessen und Bedürfnisse der Medianten festzustellen, wird das Gespräch nicht vom Recht überdominiert und somit die Balance zwischen Sachaufklärung und Emotionen gehalten.

Eine Co-Mediation hat zudem den Vorteil, dass methodische Möglichkeiten erweitert werden.

Ein einzelner Mediator kann alle möglichen Methoden kaum beherrschen, zumal für gewisse Methoden für die Interventionen mindestens zwei Mediatoren erforderlich sind.

In dem dargestellten Fall haben wir die Modellfunktion genutzt, nach welcher wir die Unterschiedlichkeit betonten, die zwischen uns besteht (Ripke 2009).

Absprachegemäß, teilweise auch nach Blickkontakt zwischen uns, haben wir die Rollen und die Hinwendung jeder von uns zu den Medianten getauscht. In der Arbeitsweise bewegten wir uns zwischen dem Gleichberechtigungsmodell- zwei Mediatoren agieren auf gleicher Ebene der Methoden, Feldkompetenz, Redeanteil etc.- und dem Pilot/Mitfahrer-Modell, bei welchem ein Mediator vorrangig für die Interaktion zuständig ist und der andere Mediator sich unter Beobachtung des Verlaufs zurückzieht.

Das Pilot-Modell verschaffte mir die Möglichkeit in Phasen starker Emotionen einzelner Geschwister meine Co-Mediatorin als Psychologin agieren zu lassen, um mich zurückzuhalten und bei den anderen Geschwistern durch Blickkontakt zu bleiben, was ihnen durch mich Zuwendung und Aufmerksamkeit vermittelte. So begleiteten wir Mediatorinnen die einzelnen Geschwister in der Entwicklung ihrer Bedürfnisse und sorgten auch in emotional schwierigen Situationen für einen geschützten Rahmen.

Durch die Arbeit in Co-Mediation und die Aufgabenteilung reflektieren sich die Mediatoren laufend selbst und können ihre Rolle, ihre Arbeit im Verfahren verbessern.

Die Medianten gaben uns immer wieder zu verstehen, dass die Wahl der Co-Mediation und die Zusammenarbeit von uns Mediatorinnen als Psychologin und Rechtsanwältin große Zustimmung bei ihnen fanden und sie die Wahl der Co-Mediation als große Bereicherung und zielführend in dem Verfahren verstanden.

Der Verfahrensverlauf und das Ergebnis zeigten uns, dass die Wahl der Co-Mediation, die Aufgaben- und Rollenverteilung sowie die Zusammenarbeit unterschiedlicher Professionen auch in diesem Verfahren wieder von großem Vorteil waren.

Rückmeldungen von Teilnehmern nach einer Mediation

Besonders wichtig ist uns Mediatorinnen die Evaluierung unserer Arbeit. Jeder einzelne Teilnehmer erhält in der Regel nach der Mediation einen Fragebogen, um seine persönliche Sicht auf den Verlauf und das Ergebnis zu reflektieren. Im Folgenden geben wir eine Auswahl von Antworten auf zwei offene Fragen in dem Erhebungsbogen (DoSys-ORGA.20-Heidelberger Dokumentationssystem für Mediation) wieder:

▷ Gibt es etwas, das Sie in der Mediation besonders hilfreich fanden?

- Klare Moderationsansagen
- Gesprächsstrukturierung
- Visualisierte Regeln
- Fotoprotokoll
- alle vereinbarten Dokumente wurden zügig zugesandt
- Nachfragen, Klären, Ruhe bewahren
- Mediatoren haben mit **großem** Interesse und großer Empathie geleitet
- Der Satz: „Wir können es besser machen als die letzten zwei Generationen"
- auf Ausgleich einwirken und Verständnis schaffen
- nachfragen und klären, steuernd eingreifen
- Ich fühlte mich durch die Mediatoren verstanden. (…) Alles was ich fühlte richtig zu machen, als Vater, wurde vonseiten der Kinder angezweifelt… Aber bei Geld kann man keinem emotionalen Gefühl Rechnung tragen. Das belastet mich sehr.

© Springer Fachmedien Wiesbaden GmbH, ein Teil von Springer Nature 2019
S. Wegner-Kirchhoff und J. Kellner, *Mediation mit Erben*, essentials,
https://doi.org/10.1007/978-3-658-24767-6_8

- Nach den vor der Mediation mit den Geschwistern diskutierten Lösungen konnte ich mir nur schwer vorstellen, dass eine Mediation – wie von den Mediatorinnen erläutert – zu ganz neuen Lösungsansätzen und zu einem erfolgreichen Abschluss in Form einer einvernehmlichen schriftlichen Vereinbarung in fast allen Fällen führt. Wir haben dann tatsächlich nach 1,5 Tagen (geplant waren 2 Tage) eine schriftliche Vereinbarung über die Auseinandersetzung des Nachlasses erreicht. Ohne eine Mediation hätten wir eine solche Vereinbarung nicht erreicht, und auch nicht die Perspektive, dass wir uns als Geschwister zukünftig wieder offen begegnen können.

▶ Haben Sie etwas in der Mediation vermisst?

- Ich hätte dieses Rückmeldeformular als PDF praktischer gefunden. Ansonsten: Machen Sie weiter so; Ihre Co-Mediation finde ich im Hinblick auf Professionalität und Zusammenarbeit sehr vertrauenserweckend und gut!
- Meine Einwendungen sind in der großen Runde zum Teil untergegangen

Fallstricke und Stolpersteine bei der Mediation mit Erben

9

Gegenseitige Verletzungen und Kränkungen in der Mediation Unter normalen Umständen ist die Geschwisterbeziehung die längste unseres Lebens und wird durch frühe Erfahrungen der Kooperation und Konkurrenz geprägt. Intensive Gefühle des Verbundenseins aber auch der fehlenden Beachtung oder der Benachteiligung können auch noch im Erwachsenenalter die Beziehung der Geschwister positiv oder negativ beeinflussen.

In der Mediation besteht die Gefahr, sich von den Medianten zu sehr in Richtung „Konzentration auf vergangene Erlebnisse" lenken zu lassen. Hier ist es wichtig, den beteiligten Erben das Gefühl zu geben, dass wir ihre Betroffenheit nachvollziehen und verstehen können. Die Fragen: „Ist es Ihnen dennoch möglich jetzt an einer gemeinsamen Regelung für die Zukunft zu arbeiten? – Was brauchen Sie dafür von uns Mediatoren oder den anderen Familienmitgliedern?" bringen Klarheit und schließen gleichzeitig die Perspektive ein, dass sich die Medianten in einem anderen Rahmen – individuell oder gemeinsam – mit ihrer persönlichen Familiengeschichte auseinandersetzen.

Kommt es während der Mediation immer wieder zu verbalen Angriffen, Spitzen oder Sticheleien, sprechen wir dies an und erinnern behutsam daran, dass wir am Anfang bestimmte Regeln vereinbart haben, die für den Lösungsprozess hilfreich sind. Das persönliche Feedback der Mediatoren, wie sie das eher destruktive Miteinander der Teilnehmer erleben, kann eine Veränderung im Verhalten der beteiligten Streithähne bewirken. Auf jeden Fall vermeiden wir als Mediatoren eine anklagende Haltung und betonen, dass alle Emotionen im Raum ihre Berechtigung haben und gerade Wut und Ärger viel Energiepotenzial bedeuten.

© Springer Fachmedien Wiesbaden GmbH, ein Teil von Springer Nature 2019
S. Wegner-Kirchhoff und J. Kellner, *Mediation mit Erben*, essentials,
https://doi.org/10.1007/978-3-658-24767-6_9

Identifikation der Mediatoren mit einem beteiligten Familienmitglied In der Rolle als Mediator kann es passieren, dass man sich mit einzelnen Beteiligten besonders identifiziert, da Ähnlichkeiten oder Gemeinsamkeiten im Hinblick auf die Geschwisterposition, Beruf, Rolle in der Familie o.ä. bestehen oder die Beteiligten schon von Anfang an der Mediation sehr positiv gegenüber standen und den Prozess konstruktiv voranbringen. Hier besteht die Gefahr, die „eher skeptischen" Teilnehmer zu verlieren, da man den „eher kooperativen" – auch nonverbal – mehr Zuwendung gibt. Gerade die Co-Mediation bietet in solchen Konstellationen die wertvolle Möglichkeit, sich gegenseitig Rückmeldung zu geben („Kann es sein, dass wir Geschwister x zu wenig beachten und unser Ton zu ungeduldig wird?") und bewusst die Aufmerksamkeit aufzuteilen.

Vernachlässigen des Themas „Gerechtigkeit" aus Zeitnot Besonders zielstrebige und leistungsorientierte Medianten empfinden es mitunter als „zu langatmig" und „zeitraubend", wenn man sich „zusätzlich" mit dem Thema „Gerechtigkeit" auseinandersetzt. Da man ja als Mediator auch unter Druck steht, den Mediationsprozess in einem vereinbarten Rahmen voranzubringen, lässt man sich eventuell drängen und gibt einem bedeutsamen Thema zu wenig Raum. Wir erklären in diesem Fall, dass ja alle Beteiligten an einer belastbaren, tragfähigen („nachhaltigen") Lösung interessiert sind, die als „gerecht" empfunden wird. Daher sei es notwendig, sich darüber zu verständigen, um welche Art von subjektiver Gerechtigkeit es überhaupt geht: Möglicherweise gibt es ja in der Vergangenheit Vor- oder Nachteile einzelner Erben, die in der Phase der Erarbeitung der „Interessen und Bedürfnisse" eine große Rolle spielen, bisher aber nicht ausgesprochen wurden: Implizit dachte jeder, dies sei allen klar. Unsere Erfahrung zeigt, dass es für den „fruchtbaren Boden" der Lösungsphase schon förderlich sein kann, wenn diese „inneren Verrechnungen" (z. B. „Du hast ja damals schon Deinen Anteil bekommen!" oder „Deine Ausbildung war besonders langwierig") überhaupt zur Sprache kommen.

Die Mehrgenerationen-Perspektive beachten Erbauseinandersetzungen finden nicht nur zwischen Geschwistern, sondern auch zwischen den Kindern und dem überlebenden Elternteil statt. Die besondere Dynamik und Komplexität, die in einem solchen Mediationsfall entsteht, stellen an die Mediatoren besondere Herausforderungen. Im Sprachgebrauch der systemischen Familienberatung treffen hier zwei „Subsysteme" aufeinander, die jeweils unterschiedliche Interessen verfolgen. Der verwitwete Ehepartner fühlt sich ohne den langjährigen Partner u. U. sehr schwach und sieht sich der „Front" seiner Kinder gegenüber.

Gleichzeitig belastet es ihn sehr, dass seine Kinder im Streit um das Erbe von der ersehnten Familienharmonie weit entfernt sind. Als Co-Mediator kann ich die Rolle übernehmen, das betagte Familienmitglied zu unterstützen, indem ich Nähe durch Blickkontakt herstelle und darauf achte, dass seine Beiträge im Eifer des Gefechts nicht untergehen. Eine Intervention aus der Gestalt-Psychologie könnte sein, für den schon verstorbenen Elternteil einen Stuhl dazu zu stellen und ihm so „Präsenz" zu verleihen: „Was meinen Sie wäre für Ihren Vater/Ihre Mutter in dieser Situation wichtig gewesen?".

Eine Geschichte zum Schluss: Drei Söhne erben 17 Kamele

In einem kleinen Land im fernen Orient regierte einst ein Fürst, der drei Söhne hatte. Als er sein Ende kommen sah, rief er die drei Söhne zu sich: „Ich werde nun sterben", sprach er. „Ich hinterlasse Euch 17 Kamele und erwarte, dass Ihr mir hier und jetzt versprecht, diese nach meinem Willen aufzuteilen und keines der Kamele zu töten oder zu verkaufen".

Die Söhne gaben ihm ihr Versprechen. „So kann ich in Frieden gehen", sagte der Fürst. „Du, mein ältester Sohn sollst die Hälfte meines Erbes bekommen. Du, mein zweiter Sohn, ein Drittel und Du, mein jüngster Sohn, ein Neuntel." Damit schloss er die Augen und starb.

Die Söhne waren verzweifelt und völlig ratlos: Wie sollten sie diesen letzten Willen ihres Vaters umsetzen?

Anfangs diskutierten sie noch angeregt und freundlich miteinander, doch bald schlug die Stimmung um, der Ton wirkte angespannt und gereizt und es drohte ein ernsthafter Streit.

So fand sie ein reisender Derwisch vor, der an der Wüstenoase Rast machen wollte. Die Brüder ließen ihn herein und waren froh, ihr Problem mit jemandem teilen zu können. Während der Gast speiste und trank, hörte er sich das boshafte Problem der Brüder an. Er hatte den Eindruck, dass die drei Nachfahren sich eigentlich wohl gesonnen waren und wirklich unter der Situation litten.

Zur Überraschung der drei Gastgeber schlug er vor, sie mögen bei der Aufteilung doch einfach sein Kamel dazu nehmen. „Das können wir nicht annehmen!" riefen die drei Söhne.

„Macht Euch um mich keine Sorgen! Hier stehen jetzt 18 Kamele, nehmt Euch Euren jeweiligen Anteil", ermunterte der Derwisch die drei Geschwister.

© Springer Fachmedien Wiesbaden GmbH, ein Teil von Springer Nature 2019 49
S. Wegner-Kirchhoff und J. Kellner, *Mediation mit Erben*, essentials,
https://doi.org/10.1007/978-3-658-24767-6_10

„Gut, so nehmen wir das Angebot an", sprach der älteste Sohn und nahm sich die Hälfte der Kamele, also neun, der mittlere nahm sich ein Drittel, also sechs, und der Jüngste nahm sich ein Neuntel, also zwei. Verdutzt blickten sie auf das achtzehnte Kamel des Derwisches, das übrig geblieben war.

Der kluge Gast schwang sich auf den Rücken des Tieres, wünschte den drei Erben nur das Beste und setzte seine Reise zufrieden fort (Holler 2010, S. 186).

Was Sie aus diesem *essential* mitnehmen können

Konflikte, die jahrelang unter der Oberfläche brodelten, können durch den Tod eines Familienmitglieds zum Ausbruch kommen und alte Wunden aufreißen. Während sich die betroffenen Erben in ihrem Fühlen und Handeln auf die Vergangenheit beziehen, haben die Mediatoren die Aufgabe, mit den Konfliktbeteiligten eine gemeinsame Lösung für die Zukunft zu erarbeiten. Dieses Spannungsfeld stellt eine besondere Herausforderung für die Mediation mit Erben dar. Folgende Erfolgsfaktoren kennzeichnen diese Arbeit:

- Anregen zur Reflexion: Zum Beispiel „Wie kann es sein, dass dieses Thema für Sie eine so große Bedeutung hat?"- „Kennen Sie dieses Konfliktmuster aus der Vergangenheit?"
- Ansprechen und einfühlsames Auffangen, wenn starke Gefühle sichtbar werden
- Hinweis, dass es sehr belastend sein kann, die Erbstreitigkeiten in die nächste Generation zu tragen
- Frage nach dem „höheren Ziel", das die zerstrittenen Erben in der Lösungsfindung voranbringen könnte (zum Beispiel den guten Kontakt der nachfolgenden Generation zu erhalten)
- Ausdrückliche Wertschätzung der Mediatoren, wenn die Medianten es schaffen, konstruktiv an einer Lösung zu arbeiten
- Ambivalenz zwischen Rationalität („Wir wollen vernünftig reden!") und dem Sog der Gefühle aufzeigen, die sich in vielen Jahren aufgestaut haben
- Deutliches Visualisieren aller Beiträge am Flipchart
- Rückführen zur Struktur des Mediationsverfahrens bei Eskalationen und gegenseitigen Vorwürfen

Die Entscheidung für Co-Mediation, eine spezielle Aufgaben-und Rollenverteilung der Mediatoren und die Zusammenarbeit unterschiedlicher Professionen (Rechtsanwältin und Diplom-Psychologin) werden sowohl von den Konfliktbeteiligten als auch von den Mediatoren als Bereicherung erlebt.

Anhang

Vertrag zur Durchführung einer Mediation

1. Frau ……,
2. Herr ……,
3. Herr ……,
4. Herr …….

vereinbaren zur Beilegung ihres Konfliktes im Rahmen der Erbauseinandersetzung in der Nachlasssache ………………………, die Durchführung einer Mediation bei den Mediatorinnen

1. Frau Rechtsanwältin und Mediatorin ………………….   und
2. Frau Dipl. Psychologin und Mediatorin ………………..

Es gelten die folgenden Regelungen:

1. Zielsetzung: Die Mediation hat zum Ziel, dass die Beteiligten in gemeinsamer Verhandlung mit Unterstützung der Mediatorinnen als neutrale Dritte eine für alle beteiligten Medianten annehmbare Lösung ihres Konflikts entwickeln und verbindlich vereinbaren. Fairness, Offenheit und respektvoller Umgang miteinander sind wesentliche Grundlagen des Verfahrens.
2. Teilnehmer: Die Konfliktparteien sollen an der Mediation selbst teilnehmen. Jeder Beteiligte darf Rechtsvertreter oder andere Vertrauenspersonen seiner Wahl zur Beratung und Äußerung nach Vereinbarung mit allen Beteiligten beiziehen.

© Springer Fachmedien Wiesbaden GmbH, ein Teil von Springer Nature 2019   53
S. Wegner-Kirchhoff und J. Kellner, *Mediation mit Erben*, essentials,
https://doi.org/10.1007/978-3-658-24767-6

3. Aufgaben der Mediatorinnen:
   a) Die Mediatorinnen sind unparteiisch und neutral. Sie vertreten keinen der Beteiligten des Mediationsverfahrens gegen den anderen, sondern sind allparteilich für alle Seiten mit dem Ziel tätig, zu einer fairen und interessengerechten Lösung beizutragen. Den Mediatorinnen obliegt nicht der Schutz von rechtlichen Ansprüchen der Parteien gegeneinander. Frau ...., die im Grundberuf Psychologin ist, ist nicht befugt, die Beteiligten psychologisch zu betreuen oder ihnen psychologische Hilfe zuteilwerden zu lassen. Frau Rechtsanwältin .... ist nicht befugt, die Beteiligten in der Rechtsangelegenheit, die Gegenstand des Mediationsverfahrens ist, anwaltlich zu vertreten oder zu beraten.
   b) Die Mediatorinnen dürfen keinen der Beteiligten in der Angelegenheit, die Gegenstand der Mediation ist, vor Beginn des Verfahrens beraten oder vertreten haben. Eine vorherige Beratung im Hinblick auf die Aufnahme der Mediation als solche ist zulässig. Die Regelung in Satz 1 gilt entsprechend nach Abschluss der Mediation.
   c) Die Mediatorinnen fördern nach besten Kräften die Klärung und mögliche Beilegung des Streitfalls. Sie sorgen für eine sachgerechte Verhandlungsführung und wirken auf Offenlegung aller wesentlichen Informationen und Interessen der Beteiligten hin. Sie können auf Vor- und Nachteile möglicher Lösungen hinweisen und auf Wunsch der Beteiligten eigene Lösungsvorschläge unterbreiten.
   d) Die Mediatorinnen sind nicht befugt, den Streitfall insgesamt oder Teile des Streitfalles zu entscheiden.
4. Durchführung des Mediationsverfahrens:
   a) Die Mediatorinnen bestimmen in Absprache mit den Beteiligten die Art und Weise, in der die Mediation durchgeführt wird. Wenn keine abweichenden Vereinbarungen erfolgen, steht im Vordergrund das gemeinsame Gespräch unter der neutralen Gesprächsleitung der Mediatorinnen. Die Mediationsgespräche werden auf Flipcharts protokolliert es sei denn, dies wird anders vereinbart.
   b) Nach Einführung in das Mediationsverfahren und der Vereinbarung des Vorgehens stellen die Beteiligten den Konflikt aus ihrer Sicht in Rede und Gegenrede umfassend dar. Gemeinsamkeiten und Unterschiede der wechselseitigen Sichtweisen werden festgestellt, bis eine übereinstimmende Problembeschreibung entwickelt ist.

c) Die Beteiligten erhalten Gelegenheit, ihre den Konflikt betreffenden Interessen, Gefühle, Beurteilungen, Wünsche und Zielsetzungen darzulegen, sowie sonstige Informationen zu geben, die für sie in der Auseinandersetzung von Bedeutung sind.

d) Objektive Zweifelsfragen und Rechtsfragen, die für die Entscheidungen der Beteiligten wesentlich sind, werden in einvernehmlicher Weise geklärt. Hierzu können sich die Beteiligten von außerhalb des Mediationsverfahrens stehenden Experten z. B. Rechtsanwälten, Steuerberatern beraten lassen.

e) Die Beteiligten entwickeln gemeinsam mit Unterstützung der Mediatorinnen mögliche neue Problemlösungen. Dabei können auch Interessen berücksichtigt und Lösungsmöglichkeiten einbezogen werden, die über den eigentlichen Mediationsgegenstand hinausgehen.

f) Die Beteiligten suchen unter den entwickelten Lösungsoptionen nach einer Lösung, auf die sie sich gemeinsam verständigen können. Wird eine solche gefunden, so wird sie schriftlich festgehalten und – erforderlichenfalls nach vertraglicher Gestaltung durch die Mediatorinnen oder durch die rechtlichen Berater der Beteiligten – von allen Seiten unterzeichnet. Ziel ist es, die getroffenen Vereinbarungen notariell beurkunden zu lassen.

5. Vertraulichkeit:

a) Die Beteiligten verpflichten sich, die im Rahmen der Mediation erhaltenen Informationen vertraulich zu behandeln und in einem möglichen späteren Rechtsstreit nicht zu verwenden.

b) Die Mediatorinnen haben Schweigepflicht und eine Aussageverweigerungsrecht bezüglich aller Informationen, die sie im Mediationsverfahren erhalten. Die Beteiligten verpflichten sich, die Mediatorinnen in einem Rechtsstreit über Gegenstände, die in der Mediation behandelt wurden, nicht als Zeuginnen zu benennen.

6. Ruhen gerichtlicher Verfahren und Hemmung der Verjährung:

a) Die Beteiligten vereinbaren das Ruhen laufender Gerichtsverfahren und verpflichten sich, bis zur Beendigung der Mediation in der Angelegenheit, die Gegenstand der Mediation ist, keine Gerichtsverfahren einzuleiten oder einstweiligen Rechtsschutz zu beantragen.

b) Von der Unterzeichnung dieser Vereinbarung an bis zur Beendigung der Mediation ist die Verjährung für alle Ansprüche, die Gegenstand dieses Verfahrens sind, gehemmt. Dies gilt auch für den Ablauf von Gewährleistungsfristen.

7. Beendigung des Verfahrens:
   a) Die Mediation endet, wenn die Beteiligten eine Vereinbarung zur Lösung ihres Konflikts gefunden und unterzeichnet haben.
   b) Während des Verfahrens kann jeder Beteiligte die Mediation durch Mitteilung an die anderen Verfahrensbeteiligten und die Mediatorinnen beenden. Die Gründe dafür sind den anderen Beteiligten und den Mediatorinnen mitzuteilen.
   c) Wenn die Mediatorinnen zu der Auffassung kommen, dass die Fortsetzung der Mediation nicht aussichtsreich ist oder zu einer wesentlichen Verletzung von Interessen oder Rechten von Beteiligten führen würde, können sie nach vorherigen Gesprächen mit den Beteiligten ihre Beauftragung als Mediatorinnen durch Mitteilung an die Beteiligten beenden.
8. Vergütung:
   a) Die Mediatorinnen erhalten zusammen eine Vergütung nach Zeit i. H. v. € .../Stunde zzgl. Umsatzsteuer.
   b) Vergütet wird der Zeitaufwand für Mediationsgespräche und für alle vorbereitenden und begleitenden Maßnahmen, einschließlich der Zeit für Vorgespräche, der Erstellung von Protokollen, der Entwicklung von Vertragsentwürfen und evtl. Fahrtzeiten. Der Zeitaufwand wird in überprüfbarer Weise dokumentiert und nachgewiesen.
   c) Auslagen, wie z. B. Anmietung von Räumen nebst Pausenverpflegung werden nach Einzelnachweis, Reisekosten in der tatsächlich entstandenen Höhe erstattet.
   d) Die Vergütung wird von den Beteiligten gesamtschuldnerisch getragen, vorbehaltlich einer anderen schriftlichen Vereinbarung.

Die Mediatorinnen schließen diesen Vertrag einzeln im eigenen Namen und auf eigene Rechnung mit den Beteiligten. Eine Haftungsgemeinschaft zwischen den Mediatorinnen besteht nicht.

Frau .... übernimmt die Rechnungsstellung und ist zum Gesamtinkasso berechtigt.

..............., den ....

....

....

....

Literatur

Bastine, R. (2004). Konflikte klären, Probleme lösen – die Psychologie der Mediation. In J. Haynes, A. Mecke, R. Bastine, & L. Fong (Hrsg.), *Mediation-Vom Konflikt zu Lösung* (S. 11–45). Stuttgart: Klett-Cotta.

Bastine, R., & Ripke, L. (2007). Mediation im System Familie. In G. Falk, P. Heintel, & E. Krainz (Hrsg.), *Handbuch Mediation und Konfliktmanagement* (S. 131–145). Wiesbaden: VS Verlag.

Bastine, R. & Ripke, L. (2010). *Unterlagen zum Vertiefungskurs 1: Konflikte: Bewältigung, Widerstände, Barrieren, Auflösung. Handout Konflikte. Unveröffentlichte Ausbildungsunterlagen.* Heidelberger Institut für Mediation.

Beisel, D. (2002). Mediation im Erbrecht. In F. Haft & K. G. von Schlieffen (Hrsg.), *Handbuch Mediation* (1. Aufl., S. 929–949). München: Beck.

Beisel, D. (2009). Mediation im Erbrecht. In F. Haft & K. G. von Schlieffen (Hrsg.), *Handbuch Mediation* (2. Aufl., S. 495–514). München: Beck.

Bernhardt, H., & Winograd, B. (2009). Interdisziplinäre Co-Mediation: Zur Zusammenarbeit von Rechtsanwälten und Psychologen in der Trennungs- und Scheidungsmediation. In F. Haft & K. G. von Schlieffen (Hrsg.), *Handbuch Mediation* (2. Aufl., S. 877–908). München: Beck.

Bielicke, A. (2018). *Alle Mann an Bord? Blickwechsel 1: Auftragsklärung. Zeitschrift für Konfliktmanagement* (S. 76–80). Köln: Schmidt.

Bundesministerium für Wirtschaft und Energie (Hrsg.). (2017). *Unternehmensnachfolge.* Frankfurt: Zarbock.

Duss-von-Werdt, J. (2009). Systemische Aspekte. In F. Haft & K. G. von Schlieffen (Hrsg.), *Handbuch Mediation* (S. 231–265). München: Beck.

Duss-von Werdt, J. (2011). *Einführung in die Mediation* (2. Aufl.). Heidelberg: Carl-Auer.

Friedrichsmeier, H. (2009). Der Rechtsanwalt als Mediator. In F. Haft & K. G. von Schlieffen (Hrsg.), *Handbuch Mediation* (2. Aufl., S. 837–854). München: Beck.

Glasl, F. (2010). *Konfliktmanagement.* Bern: Haupt.

Glasl, F. (2012). Mediation zwischen Anspruch und Wirklichkeit – Eine persönliche Bestandsaufnahme 2012. In S. Rapp (Hrsg.), *Mediation* (S. 10–28). Ludwigsburg: winwin.

Hauser, B. (2012). *Action learning.* Bonn: ManagerSeminare.

Holler, I. (2010). *Mit dir zu reden ist sinnlos!..Oder?.* Paderborn: Junfermann.

© Springer Fachmedien Wiesbaden GmbH, ein Teil von Springer Nature 2019
S. Wegner-Kirchhoff und J. Kellner, *Mediation mit Erben,* essentials,
https://doi.org/10.1007/978-3-658-24767-6

Milling, H. (2016). *Storytelling-Konflikte lösen mit Herz und Verstand*. Frankfurt a. M.: Wolfgang Metzner.

Montada, L., & Kals, E. (2007). *Mediation. Ein Lehrbuch auf psychologischer Grundlage*. Weinheim: Beltz.

Palandt, O., Brudermüller, G., Ellenberger, J., Götz, I., Grüneberg, C., Herrler, S., et al. (2017). *Bürgerliches Gesetzbuch* (76. Aufl.). München: Beck.

Ripke, L. (2009). Recht und Gerechtigkeit in der Mediation. In F. Haft & K. G. von Schlieffen (Hrsg.), *Handbuch Mediation* (S. 161–174). München: Beck.

Ripke, L. (2012). *Die Rolle des Rechts in der Mediation. Unveröffentlichte Ausbildungsunterlagen*. Heidelberg: Ohne.

Schmidt, F. H., Lapp, T., & Monssen, H-. G. (2012). *Mediation in der Praxis des Anwalts*. München: Beck.

Sigle, Walter. (1994). Zur Psychologie der Familiengesellschaften. In G. Pfeiffer (Hrsg.), *Festschrift für Heinz Rowedder zum 75. Geburtstag* (S. 459–476). München: Beck.

Theobald, O. (2008). *Lesebuch 1*. Vechta: Geest-Verlag.

Thomann, C., & Prior, C. (2010). *Klärungshilfe 3 – Das Praxisbuch* (2. Aufl.). Hamburg: Rowohlt.

Weiss, T. (1988). *Familientherapie ohne Familie*. München: Kösel.

Wiquefort, A. (1680). *L' Ambassadeur Et Ses Fonctions. Seconde Partie*. La Haye: Steucker.

Printed in the United States
By Bookmasters